BIBLIOGRAPHISCHER DIENST STAAT UND RECHT

Herausgeber:
DEUTSCHES INSTITUT FÜR RECHTSWISSENSCHAFT
Potsdam-Babelsberg

Jahrgang 2/1956 — Heft 5
September/Oktober

AKADEMIE-VERLAG · BERLIN

Bezug des Bibliographischen Dienstes
Erscheinungsweise: zweimonatlich
Preis pro Heft 3,70 DM

Bestellungen sind zu richten an eine Buchhandlung oder an die Post

Auslieferungen:

Für das Gebiet der Deutschen Demokratischen Republik: LKG - Leipziger Kommissions- und Großbuchhandel, Leipzig C 1, Leninstraße 16

Für das Gebiet der Bundesrepublik Deutschland: KUNST UND WISSEN - Inh. Erich Bieber, Stuttgart N, Hospitalstraße 33a

Für das gesamte Ausland: Deutsche Buch-Export und -Import GmbH., Leipzig C 1, Postschließfach 276, oder Akademie-Verlag GmbH., Berlin W 8, Mohrenstraße 39

Anschrift der Redaktion:

Deutsches Institut für Rechtswissenschaft, Abt. Bibliothek,
Potsdam-Babelsberg II, Karl-Marx-Straße 2

Bearbeiter: Dr. Renate Bellmann und Helmut Luft

Transkription: Bibliothekarisch und phonetisch

Inhaltsverzeichnis:

A. BIBLIOGRAPHIE AUS ZEITSCHRIFTEN DER DEUTSCHEN DEMOKRATISCHEN REPUBLIK, DER SOWJETUNION UND DEN LÄNDERN DER VOLKSDEMOKRATIE

Diese Bibliographie enthält eine Auswahl einschlägiger Artikel aus folgenden Zeitschriften:

a) Deutschsprachige Zeitschriften

Ahdl.	= Der Außenhandel, Berlin	1956,H.8-13
Altertum	= Das Altertum, Berlin	1956,H.2
Arb.	= Die Arbeit, Berlin	1956,H.5-7
Aufb.	= Aufbau (Kulturpolitische Monatsschrift), Berlin	1956,H.4-5
A.u.S.	= Arbeit und Sozialfürsorge, Berlin..	1956,H.9-14
Ber.Dt.Wirtsch.Inst.	= Berichte des Deutschen Wirtschaftsinstituts, Berlin	1956,H.4-10
ddz	= Dokumentation der Zeit, Berlin	1956,H.117-121
Dem.Aufb.	= Demokratischer Aufbau, Berlin	1956,H.9-12
DFW	= Deutsche Finanzwirtschaft, Berlin..	1956,H.9-14
Dt.Auss.pol.	= Deutsche Außenpolitik, Berlin	1956,H.1-3
Dt.Ldwi.	= Die deutsche Landwirtschaft, Berlin	1956,H.5-7
Dt.Zs.Philos.	= Deutsche Zeitschrift für Philosophie, Berlin	1956,H.1-2
Einh.	= Einheit, Berlin	1956,H.4-7
EuV	= Erfindungs- und Vorschlagswesen, Berlin	1956,H.9-14
Forum,Wiss.Beil.	= Wissenschaftliche Beilage des Forum, Berlin	1956,H.4-11
Gew.Akt.	= Das Gewerkschaftsaktiv, Berlin	1956,H.8-14
Grds.Fr.KG	= Grundsätzliche Fragen der Konsumgenossenschaften, Berlin	1956,H.3-5
Hdl.	= Der Handel, Berlin	1956,H.9-14
Hswesen	= Das Hochschulwesen, Berlin	1956,H.4-6
Nat.	= Die Nation, Zeitschrift für Theorie und Praxis Nationaler Politik, Berlin	1956,H.4-6
NJ	= Neue Justiz, Berlin	1956,H.12-16
N.Weg	= Neuer Weg, Berlin	1956,H.7-13
N.Zeit	= Neue Zeit, Moskau	1956,H.16-29
Reporter	= Der Reporter, Berlin	1956,H.4

RID	= Rechtswissenschaftlicher Informationsdienst, Berlin	1956,H.12-15
Schöffe	= Der Schöffe, Berlin	1956,H.5-6
Sov.Wiss.GB	= Sowjetwissenschaft (Gesellschaftswiss. Beiträge), Berlin	1956,H.4-7
Stat.Prax.	= Statistische Praxis, Berlin	1956,H.4-7
St R	= Staat und Recht, Berlin	1956,H.4
Vpol.	= Die Volkspolizei, Berlin	1956,H.9-13
Weltb.	= Die Weltbühne, Berlin	1956,H.17-28
WGBew.	= Die Weltgewerkschaftsbewegung, Berlin	1956,H.4-6
Wirtsch.Wiss.	= Wirtschaftswissenschaft, Berlin	1956,H.2-3
Wiss.Ann.	= Wissenschaftliche Annalen, Berlin ...	1956,H.5-7
Zs.Gesch.Wiss.	= Zeitschrift für Geschichtswissenschaft, Berlin	1956,H.1-3
Zs.Jug.Heimerz.	= Zeitschrift für Jugendhilfe und Heimerziehung, Berlin	1956,H.5-6

b) <u>Fremdsprachige Zeitschriften</u>

Állam és Igazg.	= Állam és Igazgatas (Staat und Verwaltung) Budapest	1956,H.3-5
J.K.	= Jogtudományi Közlöny (Rechtswissenschaftliche Mitteilungen) Budapest	1956,H.1
J.N.	= Justitia Nouá (Neue Justiz), Bukarest.	1956,H.2
	Kommunist, Moskau	1956,H.4-8
	Lupta de Clasa (Der Klassenkampf), Bukarest	1956,H.2-4
Mežd.žizn.	= Meždunarodnaja žizn (Das internationale Leben), Moskau	1956,H.3-5
	Nowe Drogi (Neue Wege), Warschau	1956,H.5-6
N.P.	= Nowe Prawo (Neues Recht), Warschau ...	1956,H.4-6
P.i.P.	= Państwo i Prawo (Staat und Recht), Warschau	1956,H.1-4
Probl.econ.	= Probleme economice (Fragen der Ökonomie), Bukarest	1956,H.2
Pr.obz.	= Právny obzor (Juristische Rundschau), Bratislava	1956,H.3-5
Soc.pravo	= Socialističeskoe Pravo (Sozialistisches Recht), Sofia	1955,H.10, 1956,H.1-4
	Soudce z lidu (Der Volksrichter), Prag	1956,H.4
Sov.gos.pravo	= Sovestkoe gosudarstvo i pravo (Sowjetstaat und Sowjetrecht), Moskau	1956,H.3

Vopr.ekon. = Voprosy ekonomiki (Fragen der Ökonomie), Moskau 1956,H.3

Vopr. fil. = Voprosy filosofii (Fragen der Philosophie), Moskau 1956,H.2

Vopr. ist. = Voprosy istorii (Fragen der Geschichte), Moskau 1956,H.3-4

Die hier aufgeführten Hefte sind gemäß der Benutzungsordnung der Bibliothek des Deutschen Instituts für Rechtswissenschaft bedingt ausleihfähig.

1. Marxismus-Leninismus [1)]

Kolakowski,L.: Marxismus und personalistischer Freiheitsbegriff. (Forum, Wiss.Beil.,1956,H.5,S.1-16) 2

Materialien des Instituts für Marxismus-Leninismus zum ZK der KPdSU. Neue Dokumente W.I. Lenins. (Kommunist,1956,H.5, S.29-40, deutsch: Einh., 1956,H.6,S.507-520) 2

Beschluß des ZK der KPdSU. Über die Überwindung des Personenkults und seiner Folgen. (30.Juni 1956) (N.Zeit.1956, H.28 (Beil.),S.1-14)

Seidel,H.;K.Gäbler: Über das Verhältnis des Marxismus zur Philosophie Hegels. (Dt.Zs.Philos.,1956,H.2,S.206-217) 4

Trajmin,A.A.;M.L.Sifman: Aus der Biographie W.I. Lenins. (Sov.gos.pravo,1956,H.3,S.61-71)

2. Theorie des Staates und des Rechts

Alekseev,M.N. (Alexejew,M.N.): Über die dialektische Natur des Urteils. (Vopr.fil.,1956,H.2,S.49-61)

Bachrach,A.: Fragen der gesetzgeberischen Kodifikation. (P.i P., 1956,H.3,S.463-478)

Bianchi,L.: Imre Szabo, Die bürgerliche Philosophie des Staates und des Rechts in Ungarn. Budapest 1955, 533 S. (Rez.). (Pr.obz.,1956,H.5,S.315-317)

Die Bedeutung der sozialistischen Gesetzlichkeit. (Schöffe, 1956,H.5,S.137-141)

Halász,P.: Das Verhältnis der Theorie des Staates und des Rechts zum Marxismus-Leninismus und zu den juristischen Fachwissenschaften.(J.K.,1956,H.1,S.21-34) 1

1) Die nach der Fundstelle eines Artikels angegebenen Zahlen verweisen auf die Bedeutung dieses Artikels auch für andere Fachgebiete entsprechend der hier zugrundegelegten Systematik.

Hertwig,M.: Zum Problem der Freiheit. (Konferenzbericht) (Hswesen,1956,H.4/5,S.221-224)

Kariew, D.S.: Fragen der Kodifizierung des Sowjetrechts. (P.i P.,1956,H.4,S.3-14)

Kowalski,J.: J.Wróblewski, Die Kritik an H. Kelsens normativistischer Theorie des Staates und des Rechts. Warszawa 1955, (Rez.) (P.i P.,1956,H.4,S.756-762)

Lorenz,R.: E.Lemberg, Die Geschichte des Nationalismus in Europa. Stuttgart 1950,319 S. (Rez.) (Dt.Zs.Philos.,1956,H.2, S.244-246) 3

Lustacz,L.: Über das richtige Ausmaß der rechtsschöpferischen Tätigkeit. (P.i P.,1956,H.2,S.294-308)

Madey,M.;J.Olszewski: Bericht aus der Diskussion über Fragen der Auslegung des Rechts im Ausschuß für Rechtswissenschaften an der Polnischen Akademie der Wissenschaften.(P.i P.,1956,H.1, S.101-117)

Molnar,E.: Justiz und sozialistische Gesetzlichkeit. (NJ,1956, H.16,S.490-491) 6

Nowacki,J.: A.Šiškin (A.Schischkin), Fragen der kommunistischen Moral. Moskau 1955,319 S. (Rez.) (N.P.,1956,H.4,S.118-119)

Rachunov,R. (Rachunow,R.): Die sowjetische Rechtsprechung und ihre Rolle bei der Festigung der Gesetzlichkeit. (Kommunist, 1956,H.7,S.42-54)

Rentzsch,E.: Über Rolle und Bedeutung der sozialistischen Moral. (Arb.,1956,H.7,S.465-472) 17

Rubinstein,M.:Die Möglichkeiten eines nichtkapitalistischen Weges für schwachentwickelte Länder. (N.Zeit,1956,H.28,S.3-6)

Rudenko,R.A.: Die Aufgaben der weiteren Festigung der sozialistischen Gesetzlichkeit im Lichte der Beschlüsse des XX.Parteitages der KPdSU. (Sov.gos.pravo,1956,H.3,S.15-25)

Schilfert,G.: Die Europa-Ideologie und ihre Geschichtsfälschungen. (Einh.,1956,H.5,S.449-456) 5

Serafin,K.: Tatsachen, Reflexe und Normen. (N.P.,1956,H.6, S.77-83)

Sobolev,A. (Sobolew,A.): Über einige Formen des Übergangs vom Kapitalismus zum Sozialismus. (Mezd.žizn,1956,H.5,S.10-24)

Tumanov,V.A. (Tumanow,W.A.): Gegen die moderne reaktionäre bürgerliche Rechtstheorie. (Bosjury stenogrammy lekcija, Moskau 1955, deutsch: Sov.Wiss.(GB),1956,H.6,S.713-732)

Varga,E.: Eine ungeschickte Verteidigung des "Volkskapitalismus". (N.Zeit,1956,H.26,S.6-9) 17

Zabozynski,A.: Z. Salwa, Die erzieherische Rolle des Rechts Volkspolens. Warschau 1954, 135 S. (Rez.). (N.P.,1956,H.4, S.115-118)

3. Geschichte des Staates und des Rechts

Bierzanek,R.: Über die Aufgaben der Geschichte des internationalen Rechts. (P.i P.,1956,H.4,S.702-723)

Einhorn,M.: Zur Rolle der Räte im November und Dezember 1918. (Zs.Gesch.Wiss.,1956,H.3,S.545-559)

Grünstein,H.: Der national-revolutionäre Krieg in Spanien 1936-1939. (Vpol.,1956,H.13,S.1-7)

Kleen,W.: Über die Rolle der Räte in der Novemberrevolution. (Zs.Gesch.Wiss.,1956,H.2,S.326-331)

Mavrodin,V.V. (Mawrodin,W.W.): M.N.Tichomirov (M.N.Tichomirow), Die Bauernaufstände und die Aufstände in den Städten Rußlands im 11.-13. Jahrhundert. Moskau 1955, 278 S. (Rez.). (Vopr.ist.,1956,H.4,S.160-164)

Müller-Mertens,E.: Zur Städtepolitik der ersten märkischen Hohenzollern und zum Berliner Unwillen. (Zs.Gesch.Wiss.,1956, H.3,S.525-544)

Nanitašvili,N.L. (Nanitaschwili,N.L.): Die Bewegung der unteren städtischen Volksschichten in Preußen vor der Revolution 1848. (Vopr.ist.,1956,H.4,S.125-134)

Pentkovskaja,V.V. (Pentkowskaja,W.W.): Die Rolle W.I.Lenins bei der Bildung der UdSSR. (Vopr.ist.,1956,H.3,S.13-24)

Piekarczyk,S.: Zur Frage der Formierung und Entwicklung der polnischen Völkerschaft. (Vopr.ist.,1955,H.8, deutsch: Sov. Wiss.GB,1956,H.4,S.497-512)

Die deutschen Reichsregierungen von November 1918 bis Januar 1933. (ddz,1956,H.118,Sp.9552-9553)

Scheel,H.: Die Diskussion im Autorenkollektiv über den Entwurf des Abschnittes 1789-1807 zum Lehrbuch der Geschichte Deutschlands. (Zs.Gesch.Wiss.,1956,H.3,S.559-567)

Streisand,J.: Aus dem Entwurf zum Lehrbuch der Geschichte Deutschlands (1789-1805). (Zs.Gesch.Wiss.,1956,H.1,S.62-129)

Szücz, Kolta, Földvári: Abhandlungen über Staat und Recht der ungarischen Räte-Republik. (Állam és Igazg.,1956,H.5, S.306-311)

4. Geschichte der politischen Anschauungen

Klenner,H.; K.-H.Schöneburg: Vom ewigen zum beweglichen Naturrecht. (St R,1956,H.4,S.485-497)

Koz'min,B.P. (Kosmin,B.P.): M.N.Peunova (M.N.Peunowa), Die gesellschaftspolitischen und philosophischen Anschauungen N.V.Šelgunovs. (N.W.Schelgunows) (Rez.) (Vopr.ist.,1956, H.4,S.164-166)

Die wissenschaftliche Tagung des Ausschusses für Rechtswissenschaften an der Polnischen Akademie der Wissenschaften aus Anlaß des 200. Todestages Montesquieus. (P.i P.,1956,H.2,S. 323-337)

Nemanov,I.N. (Nemanow,I.N.): Das subjektivistisch-idealistische Wesen der Ansichten von T. Carlyle über die Geschichte der Gesellschaft.
(Vopr.ist.,1956,H.4,S.144-155)

Stepanova,J.A.;I.P.Kandel (Stepanowa,J.A.;I.P.Kandel): Aus der Geschichte des ideologischen Kampfes in der deutschen demokratischen Bewegung der 40er Jahre des19.Jahrhunderts. (Vopr.ist.,1955,H.8, deutsch: Sov.Wiss.GB,1956,H.5,S.593-614)

Zenker,E.: W.Kraus, H. Mayer, Grundpositionen der französischen Aufklärung. Berlin 1955, 386 S. (Rez.) (Dt.Zs.Philos., 1956,H.2,S.237-243)

5. Völkerrecht und Außenpolitik

Erklärung der Regierung der UdSSR zur Abrüstungsfrage. (14. Mai 1956) (N.Zeit,1956,H.21 (Beilage), S.34-38)

Botschaften N.A.Bulganins zum Abrüstungsproblem. (6.-8.Juni 1956) (N.Zeit,1956,H.25,S.33-40)

Ägyptisch-israelisches allgemeines Waffenstillstandsabkommen. (Dt.Auss.pol.,1956,H.3,S.281-287)

Afonin,M.: Der richtige Weg zur internationalen Zusammenarbeit. (Mežd.žizn,1956,H.5,S.35-44)

Verbalnote des Ministeriums für Auswärtige Angelegenheiten der Deutschen Demokratischen Republik (An das Ministerium für Auswärtige Angeleganheiten des Königreiches Schweden) (Auslandsvermögen) (Dt.Auss.pol.,1956,H.3,S.280)

Aust,H.W.: Die Expansionspolitik der westdeutschen Monopolisten. (Dt.Auss.pol.,1956,H.1,S.43-59,H.2,S.135-142)

Aust,H.W.: Wankende Militärpakte. (Dt.Auss.pol.,1956,H.3, S.189-213)

Berežkov,V (Bereshkow,W.): Das Abrüstungsproblem und die Westmächte. (N.Zeit,1956,H.21, S.3-5)

Besymenski,L.: Um einen Abrüstungsplan. (N.Zeit,1956,H.16, S.12-15)

Cúth,J.: Einige Probleme der Anerkennung der Staaten im gegenwärtigen Völkerrecht. (Pr.obz.,1955,H.9,S.515-532, deutsch: RID,1956,H.14,Sp.404-422)

Durdenevskij,V. (Durdenewskij,W.): Die fünf Prinzipien. (Mežd.

žizn,1956,H.3,S.44-49, deutsch: Sov.Wiss.GB,1956,H.7,S.877-883)

England und die Sowjetunion. (Mežd.žizn,1956,H.3,S.13-18.)

Ermašov,I. (Jermaschow,I.): Die Friedenszone. (N.Zeit,1956, H.16,S.3-7)

Ermašov,I. (Jermaschow,I.): In der atlantischen "Gemeinschaft". (N.Zeit,1956,H.21,S.6-10)

Florin,P.: Demokratische deutsche Außenpolitik. (Dt.Auss.pol., 1956,H.2,S.101-107)

Die französisch-sowjetischen Verhandlungen in Moskau. 15.-19.Mai 1956. (N.Zeit, 1956,H.22 (Beil.), S.35-39)

Gruppi,L.: Italien und die NATO. (Mežd.žizn, 1956,H.5,S.54-59)

Gyptner,R.: Die Beziehungen der DDR zu den internationalen Organisationen. (Dt.Auss.pol.,1956,H.1,S.34-42)

Hansen,G.: Ursprünge der westdeutschen Außenpolitik. (Dt. Auss.pol.,1956,H.2,S.124-134)

Karpichin,A.: Die USA eignen sich Süd-Vietnam an. (Mežd. žizn,1956,H.4,S.85-94)

Kegel,G.: Zweimal Genf. (Dt.Auss.pol.,1956,H.1,S.6-20)

Kislov,A.;S.Krylov (Kislow,A.,Krilow,S.): Die staatliche Souveränität im Luftraum - ein allgemein anerkanntes Prinzip des Völkerrechts. (Mežd.zizn,1956,H.3,S.34-43)

Korovin,E.A. (Korowin,E.A.): Zur Frage der Rolle der Volksmassen bei der Entwicklung des Völkerrechts. (Sov.gos.pravo, 1956,H.3,S.50-60, deutsch: RID,1956,H.14,Sp.393-404)

Korovin,E.(Korowin,E.): Die fünf Prinzipien - die Grundlage der friedlichen Koexistenz der Völker und Staaten. (Mežd.zizn, 1956,H.5,S.45-53)

Kurganov,E.; E.Nikolaev,(Kurganow,E.;E.Nikolajew): Was das sogenannte "Programm zur gegenseitigen Gewährleistung der Sicherheit" darstellt. (Mežd. zizn,1956,H.4,S.72-84)

Lachs,M.: Die Charta der Vereinten Nationen als Grundlage der friedlichen Koexistenz. (NJ,1956,H.12,S.353-357)

Larin,V. (Larin,W.): Die Washingtoner Beratung zur Ausarbeitung des Statuts der Internationalen Vertretung für Atomenergie. (27. Febr. - 18. Apr.1956) (Mežd.žizn,1956,H.5, S.108-117)

Leonidov,A. (Leonidow,A.): Westeuropa und das Ende der Kolonialepoche. (N.Zeit,1956,H.24,S.6-10)

Lugenheim,K.-H.: Das Militärhilfeabkommen der Bundesrepublik mit den USA. (Dt.Auss.pol.,1956,H.1,S.63-66)

Makowski,J.: V.Durdenievski (W.Durdeniewski), DieVerfahrensregeln der internationalen politischen Konferenzen im 20.Jahrhundert. (Rez.) (P.i P.,1956,H.2,S.384-386)

Matulitsch,G.: Die griechischen Wahlen und die Krise der NATO-Politik im östlichen Mittelmeer. (Dt.Auss.pol.,1956, H.2,S.165-168)

Meissner,W.: Die Saarfrage. (Dt.Auss.pol.,1956,H.1,S.21-33)

Miller,M.: Das Saargebiet - ein Brennpunkt der Gegensätze zwischen den deutschen und den französischen Imperialisten. (Einh.,1956,H.6,S.575-580)

Molčanov,N. (Moltschanow,N.): Die Festigung der französischensowjetischenBeziehungen ist eine edle Aufgabe. (Mežd.žizn, 1956,H.5,S.25-34)

Morawiecki,W.: Aktuelle Fragen des Kampfes um die Definition des Begriffes "Aggression" vor der UNO. (P.i P.,1956,H.1, S.26-48)

Nevskij,S. (Newskij,S.): Die sowjetisch-japanischen Beziehungen. (Mežd.žizn,1956,H.4,S.33-43)

Nikonov,A. (Nikonow,A.): In der gegenwärtigen Epoche können Kriege abgewendet werden. (Kommunist,1956,H.6,S.31-45)

Peck,J.: Zum völkerrechtlichen Status der Deutschen Demokratischen Republik. (Teil 1) (Nat.,1956,H.6,S.414-425) 6

Pulay, G.: Ungarn - Mitglied der UN. (J.K.,1956,H.1,S.1-4)

Reinhold,O.: Das Leninsche Prinzip der friedlichen Koexistenz und die Beziehungen zwischen den beiden deutschen Staaten. (Einh.,1956,H.5,S.433-440)

Reintanz,G.: H.Brandweiner, Die Pariser Verträge. Berlin 1955, 363 S. (Rez.). (NJ,1956,H.15,S.484 a)

Reintanz,G.: Goguel, Pohl, Oder - Neiße, eine Dokumentation. Berlin 1955, 199 S. (Rez.). (NJ, 1956,H.15,S.484 a) 6

Repin,V. (Repin,W.): Die ersten fünf Jahre der NATO. Lord Ismay, The First Five Years 1949-1954, Paris 1955, 280 S. (Rez.). (Mežd.žizn, 1956,H.3,S.124-126)

Rjuémja,M. (Rjuemja,M.): Über die Beziehungen zwischen Finnland und der Sowjetunion. (Mežd.žizn,1956,H.4,S.29-32)

Rudolf: Marokko und Tunesien errangen ihre Unabhängigkeit. (Ahdl.,1956,H.10, S.334-335) 6

Dokumente zur Saarfrage. (Dt.Auss.pol.,1956,H.1,S.86-92)

Die sowjetisch-englischen Verhandlungen.18-27. April 1956. (N.Zeit,1956,H.19 (Beil.),S.2-32)

Sowjetisch-jemenitisches Kommuniqué. (23.Juni 1956). (N. Zeit,1956,H.27 (Beil.), S.35-36)

Sowjetisch-jugoslawische Verhandlungen. (20.-21.Juni 1956) (N.Zeit,1956,H.26,(Beil.), S.3-20)

Stahl,P.: Abrüstung und Deutschland. (Dt.Auss.pol.,1956,H.3, S.221-238)

Stahl,P.: Die Pariser Ratstagung der NATO. (Dt.Auss.pol., 1956,H.1,S.70-71)

Steiniger,P.A.: Abrüstung - heute Schlüsselfrage der Weltpolitik. (Einh.,1956,H.5,S.471-477)

Sykov,S. (Sykow,S.): Das Problem der Vereinigung Vietnams. (N.Zeit,1956,H.16,S.8-11)

Tunkin,G.: Das Problem der kollektiven Sicherheit in Europa. Warschau 1955, 478 S. (Rez.). (Mežd.žizn,1956,H.3,S.117-120)

Gemeinsames Kommuniqué über die Verhandlungen von Vertretern der Regierung der UdSSR mit Prinz Norodom Sihanouk (UdSSR-Jemen). (N.Zeit,1956,H.29,(Beil.), S.35-36)

Zu den Verhandlungen des Unterausschusses der UN-Abrüstungskommission. (ddz,1956,H.117,Sp.9427-9434)

Viktorov,J. (Wiktorow,J.): Zu einigen Fragen der amerikanisch-englischen Beziehungen. (Mežd.žizn,1956,H.3,S.25-33)

Über die Arbeit der Sektion Völkerrecht der Hauptkommission der Ungarischen Akademie der Wissenschaften für Fragen des Staates und des Rechts. (J.K.,1956,H.1,S.54-55)

Sondertagung des Weltfriedensrates. (N.Zeit,1956,H.16,(Beil.), S.33-36)

Zivs,S. (Siws,S.): Die Rassendiskriminierung in derSudafrikanischen Union. (Mežd.žizn,1956,H.3,S.50-60)

Eine neue Etappe der Zusammenarbeit der sozialistischen Länder. (Ahdl.,1956,H.11,S.368-369)

6. Staatsrecht

Entwurf der Verfassung der Ägyptischen Republik. (23.Juni 1956) (Mežd.žizn,1956,H.3,S.149-159)

Baerwald,S.: Indien - eine Großmacht im Kampf fur Frieden und nationale Unabhängigkeit. (N.Weg,1956,H.8,S.506-511) 5

Béer,J.: Die Lehren des XX. Parteitages der KPdSU und die Aufgaben des staatlichen Aufbaus in unserem Lande. (Állam és Igazg.,1956,H.5,S.257-271)

Burlackij,F. (Burlazkij,F.): Die sowjetische Demokratie und ihre weitere Vervollkommnung. (Kommunist,1956,H.8,S.46-60)

Butenko,A.P.: Ein Buch über die revolutionären Umgestaltungen in den Ländern Mittel- und Südost-Europas. (J.Houska, K.Kara: "Fragen der Volksdemokratie. Prag 1955, 248 S., Rez.) (Vopr.fil.,1956,H.2,S.207-211)

Bundesparteitag der westdeutschen CDU in Stuttgart. (27.-29. April 1956). (ddz,1956,H.120,Sp.9758-9769)

Čepyžev,J. (Tschepyshew,J.): Der Staatsaufbau der Föderativen Volksrepublik Jugoslawien. (Mežd.žizn,1955,H.11, deutsch: Sov.Wiss.GB,1956,H.4,S.457-468)

Charlanov,Ju.(Charlanow,Ju.): Die politischen Parteien Frankreichs. (Mežd.žizn,1956,H.3,S.64-76, deutsch: Sov.Wiss. GB,1956,H.7,S.884-901)

Aussprache über die Grundsätze zur breiteren Entfaltung der Demokratie. (Dem.Aufb.,1956,H.11,S.242-252)

Acht-Punkte-Vorschlag der DDR zur innerdeutschen Entspannung. (ddz,1956,H.121,Sp.9812-9831)

Federov,V.;A.Feoktistov (Fjederow,W.;A.Feoktistow): Die Wirtschaft der Föderativen Volksrepublik Jugoslawien. (Vopr. ekon.,1955,H.10,S.92-107, deutsch: Arb.,1956,H.5,S.344-351)

Frei,B.: Nach den Wahlen in Österreich. (Weltb.,1956,H.21, S.646-648)

Die Freie Demokratische Partei verläßt die Bonner Koalition. (ddz,1956,H.119,Sp.9635-9646)

Gertig,B.: Für die breitere Entfaltung der Demokratie. (Vpol., 1956,H.10,S.1-3)

Günter, C.: Die Deutsche Bundesrepublik - keine Kolonialmacht? (Dt.Auss.pol.,1956,H.3,S.256-261)

Heyne,D.: Tunesien von der Kolonialherrschaft befreit. (Einh.,1956,H.5,S.480-481) 5

Horváth,J.: Die Tätigkeit des Sejm der Polnischen Volksrepublik. (Állam és Igazg.,1956,H.4,S.238-244)

Kerff,C.: Zur politischen und wirtschaftlichen Lage Ägyptens. (Ahdl.,1956,H.9,S.314-317)

Kröger,H.: Die 3. Parteikonferenz der Sozialistischen Einheitspartei Deutschlands und die Rolle der Volksvertretungen in der Deutschen Demokratischen Republik. (St R,1956,H.4, S.415-434)

Maron,K.: Um die volle Entfaltung der Demokratie. (Dem.Aufb., 1956,H.9,S.195-197)

Matoušek,S.: Zur Frage der Entstehung der Verfassungen. (Pr.obz.,1956,H.4,S.219-228)

Meinhardt,A.: Großmacht Indien. (Nat.,1956,H.6,S.435-449) 5

Müller,H.: Zu den Vollmachten und der Arbeitsweise des zu bildenden ständigen Ausschusses derVolkskammer. (Dem.Aufb., 1956,H.12,S.271-272)

Osznovin, V.S.: Das Interpellationsrecht der Deputierten der örtlichen Sowjets. (Állam és Igazg.,1956,H.5,S.296-302) 7

Die zahlenmäßige Entwicklung der Parteien in der Bundesrepublik von 1946-1956), (Statistik) (ddz,1956,H.119,Sp.9670-9675)

Pechstein,W.: Zum Staatsangehörigkeitsgesetz in Westdeutschland. (Dt.Auss.pol.,1956,H.1,S.60-63) 5

Peppermüller,K.: Die Politik der Partei mit Hilfe der staatlichen Machtorgane verwirklichen. (N.Weg,1956,H.11,S.690-695)

Pikler,K.: Otto Koellreutter, Deutsches Staatsrecht. (Rez.) (Állam és Igazg.,1956,H.3,S.127-128)

Polak,K.: Die weitere Entfaltung der Demokratie und die Rolle der Volksvertretungen in der Deutschen Demokratischen Republik. (Einh.,1956,H.6,S.551-557)

Püschel,E.: Die politische und wirtschaftliche Lage Schwedens. (Ahdl.,1956,H.8,S.278)

Reintanz,G.: Der Staatsaufbau Jugoslawiens. (St R,1956,H.4, S.450-467)

Rösner,G.: Bonn macht sich das Bundesverfassungsgericht botmäßig. (NJ,1956,H.16,S.506-508)

Rozmaryn,St.: Über die Erweiterung der Vollmachten der Minister der Volksrepublik Polen. (P.i P.,1956,H.3,S.422-462)

Regierung der DDR zur Lösung der Saarfrage. (ddz,1956,H.120, Sp.9744-9749) 5

Samoščenko,I.S. (Samoschtschenko,I.S.): Über die Rechtsform der Verwirklichung der Funktionen des Sowjetstaates.(Sov. gos.pravo,1956,H.3,S.81-91)

Skotnicki,W. von: Die "Kanzler-Armee" und unsere Nationale Volksarmee. (Nat.,1956,H.4,S.233-240)

Dokumentation zur Verstaatlichung der Suez-Kanal-Gesellschaft durch die ägyptische Regierung. (NJ,1956,H.16,S.516 a)

Die Wahlen der Deputierten in den Volksräten. (Lupta de Clasa, 1956,H.2,S.81-91)

Volksratswahlen in der Rumänischen Volksrepublik. (Állam és Igazg.,1956,H.4,S.249-252)

Die Volksvertretungen, die wichtigsten Organe der politischen Macht des Volkes. (N.Weg,1956,H.9,S.522-528)

Bonner Wahlgesetz - Verfälschung des Volkswillens. (ddz, 1956,H.118,Sp.9554-9567)

Das Wahlrecht in der Bundesrepublik. (ddz,1956,H.118,Sp. 9568-9581)

Zinger,H.: Marokko erkämpfte seine Unabhängigkeit. (Einh., 1956,H.5,S.478-479) 5

7. Verwaltungsrecht

Aibner,P.: Eine Anleitung zur Staatsverwaltung. (Rez.) (Állam és Igazg.,1956,H.3,S.120-125)

Berezowskaja,S.: Einige Fragen der allgemeinen Aufsicht des Staatsanwalts. (Állam és Igazg.,1956,H.4,S.204-211)

Bojarski,P.: Ein Beitrag zur Frage der Pflichtablieferungen und der Erfassung. (P.i P.,1956,H.1,S.64-87)

Bolde,O.: Die Arbeit der Ständigen Kommission Haushalt und Finanzen der Volksvertretung Groß-Berlin. (DFW,1956,H.9,S. 376-377) 8

Chodunov,M.E. (Chodunow,M.E.): Das neue Binnenschiffahrtsstatut der UdSSR. (Sov.gos.pravo,1956,H.3,S.121-126)

Déri,J.;J.Szöllösi: Änderungen im Expropriationsverfahren. (Állam és Igazg.,1956,H.3,S.95-106) 14

Hadnagy,L.: DieArbeit der Ratsmitglieder im Wählerkreis. (Állam és Igazg.,1956,H.4,S.252-257)

Havas,O.: Über die anleitende Tätigkeit der örtlichen Volksräte auf wirtschaftlichem Gebiet. (Állam és Igazg.,1956,H.5, S.312-315)

Kampfrad,W.;L.Hartung: Bericht des Staatsanwalts vor der Volksvertretung. (NJ,1956,H.16,S.504-505) 6

Kaschel,E.: Zur Diskussion über dieAufgaben und Struktur der Abteilung für Arbeit. (mit Entw. einer Richlinie). (A.u.S., 1956,H.11,S.326-328)

Leymann,E.: Einige Bemerkungen zum Verwaltungsakt. (Dem. Aufb.,1956,H.9,S.212-215)

Melsheimer,E.: Zur kommenden "Ordnung über die Aufsicht der Staatsanwaltschaft". (NJ,1956,H.16,S.486-489)

Oswald: Verwaltungsvereinfachung und Stärkung der Eigenverantwortlichkeit in den örtlichen Organen des Staates. (DFW, 1956,H.9,S.402-406)

Rybicki,Z.: Aus der Rechtsproblematik der Planung. (P.i P., 1956,H.1,S.49-63)

Slavov,S. (Slawow,S.): Über die strenge Gesetzlichkeit der Bewirtschaftung des gesellschaftlichen Vermögens. (Soc.pravo, 1956,H.4,S.43-51)

Aufgaben und Arbeitsweise der Ständigen Kommissionen Haushalt. (DFW,1956,H.14,S.637-639) 8

Streit,J.: DieAufgaben der "Allgemeinen Aufsicht" im zweiten Fünfjahrplan. (Dem.Aufb.,1956,H.12,S.282-285)

Toldi, F.: Die Rechtskraft der Akte der Organe der Staatsverwaltung. (J.K.,1956,H.1,S.35-47)

Weidauer,W.: Endlich vom überflüssigen Zentralismus loskommen. (DFW,1956,H.12,S.543-544)

Weidlich,H.: Die Aufgaben der deutschen Volkspolizei bei der Festigung der sozialistischen Gesetzlichkeit. (Vpol.,1956, H.11,S.1-6)

Winiarz,J.: Die Frage der Haftung des Staates für Schäden, verursacht durch die Amtstätigkeit der Staatsangestellten - Schlußfolgerungen de lege ferenda. (N.P.,1956,H.96-103)

8. Finanzrecht

Dolžnych,V.:(Dolshnich,W.) Zur Frage der Überführung der MTS auf eigene wirtschaftliche Rechnungsführung. (Kommunist,1956, H.4,S.4?-57)

Fiszel,H.: Über die tatsächliche wirtschaftliche Rechnungsführung. (Nowe Drogi,1956,H.5,S.42-55)

Großmann,W.: Zur Neuordnung des Haushaltsausgleichs. (DFW, 1956,H.14,S.665-667)

Kaltofen,G.: Größere Rechte den Ministern, Leitern der Abteilungen und den Gemeinden bei der Durchführung des Haushaltsplanes 1956. (DFW,1956,H.11,S.479-482,H.12,S.565-567)

Keller,E.: Die Hauptbuchhalter-Verordnung - juristisch betrachtet.
(DFW,1956,H.10,S.441-442) 2

Keller,E.: Die Bedeutung der demokratischen Gesetzlichkeit auf dem Gebiete des Finanzwesens. (DFW,1956,H.11,S.471-473)

Konstantinov,K.; Ž.Želev (Konstantinow,K.;Sh.Shelew): Die Subjekte der materiellen Verantwortlichkeit nach dem Erlaß über die Finanzkontrolle. (Soc.pravo,1956,H.1,S.29-39)

Osenbrueg,K.: Das neue Devisengesetz der DDR. (DFW,1956, H.13,S.589-593)

Ostrowski,K.: L.Kurowski, Das Finanzrecht. Warszawa 1955, 592 S. (Rez.) (P.i P.,1956,H.3,S.560-570)

Poetzsch,R.: Die Mitarbeiter der Finanzrevision müssen die Finanzausschüsse der Gemeindevertretungen besser unterstützen. (DFW,1956,H.10,S.439-441) 7

Rohde,E.: Zur Neuordnung des Haushaltsausgleiches. (DFW,1956, H.11,S.488-490; H.12,S.562-565)

Rumpf,W.: Arbeitskonferenz der Mitarbeiter der Finanzorgane der Deutschen Demokratischen Republik. Vom 23. bis 25. Mai 1956 in Berlin. Die Aufgaben der Finanzorgane im 2. Fünfjahrplan. (DFW,1956,H.12,S.517-530)

Schulz,W.: Zur Besteuerung der LPG. (DFW,1956,H.10,S.436-438) 9

Wackernagel,W.: Nachprüfungsverfahren und demokratische Gesetzlichkeit. (DFW,1956,H.14,S.668-670)

Weckend,H.: Preis und Vertrag. (NJ,1956,H.15,S.465-469) 13

Wemmer,H.: Der Westberliner Wechselstubenkurs - ein Mittel zur Erzielung von Spekulationsgewinnen und politischen Effekten. (Wirtsch.Wiss.,1956,H.3,S.419-436)

Zander,N.: Nochmals zur Frage des ökonomischen Wesens der Produktionsabgabe und des Systems ihrer Einziehung. (DFW, 1956,H.14,S.634-637)

Zander,N.: Das Wesen des Staatshaushaltes der Deutschen Demokratischen Republik und seine Rolle in der Entwicklung der Volkswirtschaft und der Kultur während des ersten Fünfjahrplans. (Schluß) (DFW,1956,H.9,S.379-381)

9. Kolchosrecht, Bodenrecht, Landwirtschaftliche Produktionsgenossenschaften

Baicu,A.: Aus unserer Arbeit für die Festigung und Entwicklung der Kollektivwirtschaften. (Lupta de Clasa,1956,H.3,S.75-81)

Balaure,F.: Über die Produktionsbeziehungen in den landwirtschaftlichen Arbeitsgemeinschaften. (Lupta de Clasa,1956,H.3, S.95-103)

Gheorghiu,V.: Aus der Erfahrung unserer Arbeit bei der Bildung landwirtschaftlicher Genossenschaften. (Lupta de Clasa, 1956,H.2,S.68-77)

Heuer,K.: Die Haftung ausscheidender Mitglieder für die Verluste der LPG. (NJ,1956,H.15,S.460-462)

Jacobi,P.: Untersuchung über das Jahresarbeitsergebnis der Landwirtschaftlichen Produktionsgenossenschaften. (Wirtsch. Wiss.,1956,H.3,S.343-360)

Jaeschke,N.: Die sozialistische Umwandlung der Landwirtschaft in der Volksrepublik China. (N.Weg,1956,H.9,S.575-579)

Kokavec: Zum Begriff der ersatzweisen Nutzung und zu einigen Fragen des Privateigentums in den Rechtsverhältnissen hinsichtlich des Bodens in der LPG nach der wirtschaftlich-technischen Bodenregulierung. (Pr.obz.,1956,H.5,S.262-268)

Bericht über die Konferenz des Ausschusses für Rechtswissenschaften an der Polnischen Akademie der Wissenschaften über Rechtsfragen der Landwirtschaft. (P.i P.,1956,H.2,S.338-359)

Lübchen,G.-A.: Inwieweit sind Beschlüsse der Mitgliederversammlung der LPG für eine gerichtliche Entscheidung bindend? (NJ,1956,H.15,S.472-473)

Rosenau,G.: Zu Fragen des Rechts der Landwirtschaftlichen Produktionsgenossenschaften. (NJ,1956,H.13,S.406-409)

Stefanovic,M.: Die rechtlichen Auswirkungen der Änderungen in den Statuten des landwirtschaftlichen Artels. (Pr.obz., 1956,H.5,S.257-262)

Sun' Ja-min: Das Musterstatut der landwirtschaftlichen Produktionsgenossenschaft der Chinesischen Volksrepublik. (Sov. gos.pravo,1956,H.3,S.92-102)

Vačev,N. (Watschew,N.): Einige Fragen zur Vermögenshaftung der Mitglieder der landwirtschaftlichen Produktionsgenossenschaften. (Soc.pravo,1956,H.3,S.44-56)

10. Strafrecht, Strafprozeß

Arzinger,R.; J.Noack: Ein Höhepunkt politischer Gesinnungsverfolgung. (NJ,1956,H.16,S.508-512) 6

Bednarzak,J.: Über das Verbrechen der Spekulation. (N.P., 1956,H.5,S.43-54)

Benjamin,H.: Zu einigen Fragen der Gesetzlichkeit in der Deutschen Demokratischen Republik. (Einh.,1956,H.6,S.543-550) 2

Berger,G.: Zur Weisungsbefugnis der Rechtsmittelinstanz in Strafsachen. (NJ,1956,H.16,S.496-497)

Bianchi,L.: J.Andrejev,L.Lernell,J.Sawicki, Das Strafrecht Volkspolens, Warschau 1954, 336 S. (Rez.). (Pr.obz.,1956,H.4, S.241-243)

Boden,H.-J.: Neuordnung des Fahndungswesens. (NJ,1956,H.13, S.391)

Cieślak,M.: Die tatsächliche Begründetheit der Anklage sowie die Rückgabe der Sache zur Ergänzung des vorbereitenden Verfahrens als Probleme der Übergabe an dasGericht. (N.P.,1956, H.6,S.64-72)

Czajkowski,K.: Das Amnestiegesetz. (N.P.,1956,H.6,S.14-20)

Czajkowski,K.: Fragen strafrechtlicher Entscheidungen im Revisionsverfahren. (N.P.,1956,H.5,S.104-112)

Daszkiewicz,W.: DieVerfolgung auf Antrag im polnischen Strafprozeß. (P.i P.,1956,H.3,S.517-537)

Dillhöfer,G.: Neuregelung des Strafregisterwesens in der Deutschen Demokratischen Republik. (NJ,1956,H.16,S.491-493)

Dimit'r,V. (Dimitr,W.): Über die Einheit des Tatbestandes. (Soc.pravo,1956,H.2,S.1-13)

Feller,S.: Über den Tatbestand der Aneignung von Fundsachen. (J.N.,1956,H.2,S.232-247) 14

Fritzsche,H.;E.Hubner: Bemerkungen zum Urteil des OG vom 6. Januar 1956. (Unterschlagung von Volkseigentum). (NJ,1956, H.16,S.502-503)

Gačev,N. (Gatschew,N.): Die Änderung des Tatbestandes in der Gerichtssitzung. (Soc.pravo,1955,H.10,S.38-46)

Für die Festigung der sozialistischen Gesetzlichkeit. (NJ,1956, H.13,S.385)

Golunski,S.A.: Über die Wurdigung der Beweise im sowjetischen Strafprozeß. (Sov.gos.pravo,1955,H.7,S.70-79, deutsch: RID, 1956,H.13,Sp.374-384)

Gutekunst,W.: Aus der Problematik der Zueignung in der Form des Diebstahls gesellschaftlichen Eigentums. (P.i P.,1956, H.1,S.88-100)

Harrland,H.: Über Charakter und Ursachen der Kriminalität. (Schöffe,1956,H.6,S.192-196)

Harrland,H.;H.Hugot: Jugendkriminalität und ihre Bekämpfung. (NJ,1956,H.13,S.396-400)

Hartisch,H.:Eine Frage der Ersatzfreiheitsstrafe nach § 348 StPO. (NJ,1956,H.14,S.445-446)

Helm,R.: Pressefreiheit in der Bundesrepublik. (Anm.zum Beschl. des LG Dortmund v.4.6.56 (NJ,1956,H.14,S.442-443)

Herrmann,R.: Voraussetzungen für die Anordnung der Untersuchungshaft. (NJ,1956,H.13,S.392-395)

Horowszkowski,P.: Einige Betrachtungen über die Kriminalitätsstatistik. (N.P.,1956,H.6,S.39-46)

Huser,E.: Die Bedeutung der unzureichenden Tatbestandsermittlung für das Berufungsverfahren. (Pr.obz.,1956,H.5,S.277-285)

Jahn,G.: Die "Materialien zum Strafrecht" - eine Hilfe für die Praxis. (Rez.zu H.2-6). (NJ,1956,H.12,S.359-365)

Jahn, H.: Ist § 268 StPO in Strafsachen gegen Jugendliche anwendbar? (NJ,1956,H.13,S.411)

Jastrzembski,L.: Die Schädigung der Jagdwirtschaft. (N.P.,1956, H.5,S.88-95)

Ignatowicz,J.: Zur Frage der Abänderung der Bestimmungen über die Verantwortlichkeit für Arbeitsunfälle. (N.P.,1956,H.6, S.35-38)

Der Jugendliche im Strafrecht.(Schöffe,1956,H.5,S.145-150)

Erfahrungsaustausch der Jugendstaatsanwälte. Bericht über die erste Arbeitstagung der Jugendstaatsanwälte in Erfurt. (NJ,1956,H.13,S.401-403)

Klitzsch,H.;H.Schmidt: Soll eine Prozeßauswertung in der Presse mit Nennung des Namens des Angeklagten erfolgen? (NJ,1956,H.13,S.410)

Kolčev,A. (Koltschew,A.): Zur Frage der Wahrheit in unserem Prozeßrecht. (Soc.pravo,1955,H.10,S.47-55) 14

Krutzsch,W.: Einige Erfahrungen aus Bezirkskonferenzen über die sozialistische Gesetzlichkeit im Strafverfahren. (NJ,1956, H.12, S.357-359)

Kubec,Z.: Die Reform auf dem Gebiete der Beweisproblematik. (N.P.,1956,H.6,S.102-104) 14

Kühlig,G.: Zu den Tatbeständen der Spionage und der Verleitung zur Republikflucht. (NJ,1956,H.14,S.428-433)

Leim,E.: Offener Brief an einen Hamburger Rechtsanwalt. (NJ, 1956,H.16,S.493-494)

Lernell,L.: Wie wunschen wir uns das Strafgesetzbuch? (N.P., 1956,H.5,S.77-88)

Lukaszkiewicz,Z.: Um die umfassendere Realisierung des Unmittelbarkeitsprinzips im Gerichtsverfahren.(N.P.,1956,H.5, S.117-119)

Mallé,W.: Theoretische Konferenz über Fragen der Beweislehre in der Zentralschule der Deutschen Volkspolizei. (NJ,1956, H.14,S.452a)

Mančev,N. (Mantschew,N.): Die Entwendung gesellschaftlichen Eigentums durch Amtspersonen im Lichte der Praxis des Obersten Gerichts der Volksrepublik Bulgarien. (Soc.pravo,1956, H.4,S.52-59)

Mančev,N. (Mantschew,N.): DieEntwendung von sozialistischem Vermögen im großen Umfang. (Soc.pravo,1956,H.2,S.48-52)

Manecke,K.; H.Sahre: Bericht über die Thesenverteidigung an der Karl-Marx-Universität Leipzig. (W.Orschekowski, Kritik der subjektiven Teilnahmelehre) (St R,1956,H.4,S.547-554)

Markov,I. (Markow,I.): Die fakultative Expertise nach dem Strafprozeßgesetzbuch. (Soc.pravo,1955,H.10,S.27-37) 11

Marzec,J.: Aus der Problematik der Körperverletzungsdelikte. (N.P.,1956,H.4,S.99-102)

Das Bonner "Maulkorbgesetz". (Weltb.,1956,H.21,S.641-646)

Merkušev,M.N.; I.I.Gorelik; Z.V.Kuznecova; I.F.Malachov (Merkuschew,M.N.; I.I.Gorelik; S.W.Kusnezowa; I.P.Malachow): Lehrbuch des sowjetischen Strafrechts von A.A.Piontkowski; W.D.Menschagin. (Rez.) (Sov.gos.pravo,1956,H.3,S.138-143)

Metz,W.: Ein Urteil des Bundesgerichtshofes zum Zuchtigungsrecht. (St R,1956,H.4,S.533-539)

Mühlberger,F.: Sozialistische Gesetzlichkeit im Strafverfahren. (NJ,1956,H.13,S.386-389)

Orschekowski,W.; F.Grimm:Bemerkungen zum Wesen des Verbrechens und des Strafrechts. (NJ,1956,H.4,S.439-441)

Orschekowski,W.: Zum Begriff "Anwendung von Diebeswerkzeugen" nach § 2 Abs. 2 Buchst. c VESchG. (NJ,1956,H.15,S.456-459)

Osmólski,E.: Über den Beweis auf Grund der "Charakteristik" des Angeklagten. (P.i P.,1956,H.4,S.724-730)

Podlaski,H.: Änderungen im strafgerichtlichen Verfahren. (P.i P.,1956,H.4,S.680-701)

Poláček,F.: Der Tatbestand des Verbrechens und der Teilnahme am Verbrechen nach dem tschechoslowakischen Strafrecht. (Pr. obz.,1956,H.4,S.193-212)

Poláček,F.: B.Vybiral, Begriff und Bedeutung des Objekts des Verbrechens im tschechoslowakischen sozialistischen Strafrecht. Prag 1956, 160 S. (Rez.). (Pr.obz.,1956,H.5,S.308-315)

Poláček,F.: Zur Frage der Kausalität. (Pr.obz.,1956,H.4,S. 240-241)

Übersicht über die politischen Strafverfahren in Westdeutschland. (ddz,1956,H.121,Sp.9840-9843)

Ranke,H.: Einige Fragen des Strafprozesses. (NJ,1956,H.14, S.441-442)

Römer,A.: Sabotage, Diversion, Schädlingstätigkeit. (St R, 1956,H.4,S.527-532)

Rose, H.: Einige Hinweise für die Kontrolle und Anleitung der Untersuchungsorgane durch die Staatsanwälte. (NJ,1956, H.16,S.499-502)

Savickij,M.J.(Sawizkij,M.J.):Die Aufgaben und die Stellung des Verteidigers im sowjetischen Strafprozess.(Sov.gos.pravo, 1955,H.7,S.92-99,deutsch:RID,1956,H.13,Sp.384-392)

Sawicki,J.:Um die Abgrenzung zwischen Kritik,Verleumdung und Beleidigung.(Schlussfolgerungen de lege ferenda auf der Grundlage des Entwurf eines Strafgesetzbuches. (P.i P.,1956,H.4, S.633-651.

Schaff,L.:Die neue Reform des vorbereitenden Verfahrens.(P.iP., 1956,H.3,S.498-516)

Schindler,H.: Zur Anrechnung der Untersuchungshaft nach § 335 StPO. (NJ,1956,H.13,S.409-410)

Schulz,E.: Über die Anwendbarkeit des § 243 Abs.2 StGB bei Angriffen auf gesellschaftliches Eigentum. (NJ,1956,H.14, S.444-445)

Solodkin,I.I.;I.G.Filanovskij (I.G.Filanowskij):Grundlegende Fragen des Kampfes gegen das Rowdytum. (Sov.gos.pravo,1956, H.3,S.103-113).

Der Prozess gegen die "Sozialistische Aktion (SDA)" (ddz, 1956,H.120,S.9790-9803),H.121,Sp.9867-9876) 6

Scott,K.: Die Zurechungsfähigkeit bei Epileptikern.(N.P., 1956,H.4,S.34-39) 11

Starčenko,A.A.(Startschenko,A.A.):Das Problem der objektiven Wahrheit in der Theorie des Strafprozesses.(Vopr.fil.,1956, H.2,S.105 ff.,deutsch:RID,1956,H.13,Sp.361-374)

Fragen des Strafverfahrens vom Standpunkt des Verteidigers. Bericht über die Arbeitstagung der Vorsitzenden der Kollegien der Rechtsanwälte am 9.und 10.Juni 1956.(NJ,1956,H.14,S.434-436)

Streit,J.: Klassenkampf und Verbrechen.(NJ,1956,H.16,S.494-496)

Szerer,M.: Über den Einbruchsdiebstahl.(N.P.,1956,H.4,S.47-51)

Todorov,G.(Todorow,G.):Die Regel "non bis in idem" kommt auch in Verbrechensfällen zur Anwendung - Art.4 "bis in idem" wird auch bei fortgesetztem Verbrechen angewendet - Art.4 des Strafgesetzbuches.(Soc.pravo,1956,H.1,S.60-62)

Urfus,Z.:Die Bemessung der Strafe des Freiheitsentzugs. (Soudce z lidu,1956,H.4,S.53-54)

Vasilev,N.(Wasilew,N.):Die Tateinheit und die Mittäterschaft bei Tateinheit.(Soc.pravo,1956,H.1,S.44-56)

Weise,W.: Für die rasche Durchsetzung der neuen Grundsätze der Strafpolitik.(NJ,1956,H.15,S.453-456)

Witte, P.; H.Weiße: Über den Vollzug der auf Freiheitsentziehung lautenden Strafen. (NJ,1956,H.13,S.411-412)

Zakrzewski,P.: Zur Verteidigung der Anstiftung und Beihilfe. (Marginalien zum Artikel von Prof.Dr.Wolter). (N.P.,1956, H.4,S.66-70)

Zakrzewski,P.: Aus der Problematik der verbrecherischen Gruppen und der Gruppenverbrechen. (N.P.,1956,H.5,S.19-36)

11. Kriminalistik, gerichtliche Medizin

Klis, H.: Einige Hinweise für Durchsuchungen. (Vpol.,1956, H.11,S.15-16)

Löbe,G.: Die latente Kriminalität in den Betrieben aufspüren. (Vpol.,1956,H.11,S.11-13) 1o

Rychlik,K.-H.: Suchen - sichern - auswerten. (Vpol.,1956,H. 13,S.16-18)

Spindler,K.: Kriminaltechnische Arbeitsmethoden verbessern und breiter anwenden. (Vpol.,1956,H.10,S.16)

12. Gerichtsverfassung (einschließlich Notariat und Anwaltschaft)

Becker,M.: Eine praktische Methode der Revision. (NJ,1956, H.12,S.359-361)

Cieślak,M.: Die Frage derVorbereitung auf den Anwaltsberuf. (N.P.,1956,H.4,S.52-59)

Haid, B.: Über die Zusammenarbeit der Leiter der Justizorgane mit den örtlichen Volksvertretungen. (NJ,1956,H.14, S.426-428) 6.7

Eine Justiz des Volkes. (Tagung der Richter und Staatsanwälte am 10. Mai 1956 in Berlin.) (Schöffe,1956,H.6,S.169-172) 6

Lyczywek,R.: Ist die Advokatur schon fähig, sich selbst zu verwalten? (N.P.,1956,H.6,S.84-88)

Rahmenarbeitsplan der Obersten Staatsanwaltschaft der DDR für das III.Quartal 1956. (NJ,1956,H.13,S.389-391)

Rek,T.: Die Staatlichen Notariatsbüros vor neuen Aufgaben. (N.P.,1956,H.6,S.14-20)

Einführung neuer Richter. (NJ,1956,H.16,S.489)

Szumski,S.: Die Bevölkerung fordert eine bessere Arbeit der Gerichte. (N.P.,1956,H.5,S.55-63)

Über die Vertrauenskollegien der Volksrichter in der ČSR. (Schöffe,1956,H.5,S.143-145)

Die Zuständigkeit der ordentlichen Gerichte im Verfahren zwischen Schiedsparteien. (Ahdl.,1956,H.13,S.466) 14

13. Vertragssystem, Arbitrage

Beerbaum,B.: Mehr Rechte für die Gemeinden bei der Planung ihrer Haushalte. (DFW,1956,H.13,S.613-616)

Bem,L.: Vertragsgerichtliche Entscheidungen zur Frage Pflicht zur Entrichtung der Preise im vergesellschafteten Umlauf. (P.i P.,1956,H.2,S.273-293)

Dvonč,F.: Die Zuständigkeit der Arbitrage (Schluß) (Pr.obz., 1956,H.3,S.158-164)

Dvonč,F.: Spisiak, Der Schadenersatz und die Garantie auf dem Gebiete derWirtschaftsverträge. (Rez. (Pr.obz.,1956,H.5, S. Umschlag)

Fellhauer,H.: Zu einigen Fragen der Außenhandelsschiedsgerichtsbarkeit. (Ahdl.,1956,H.10,S.358-359) 14

Fetvadžiev,I.St. (Fetwadshiew,I.St.): Über die Auflösung zweiseitiger Verträge (Artikel 87-89 des Gesetzes über die vertraglichen Verpflichtungen). (Sov.pravo,.956,H.4,S.15-24)

Knapp,V.: Zu einigen Fragen der neuen Regelung der Wirtschaftsverträge in Ungarn und in der Tschechoslowakei. (J.K.,1956, H.1,S.5-20)

Leutloff,E.: Das allgemeine Vertragssystem in der Landwirtschaft. (DFW,1956,H.13,S.611-612)

Nowakowski,Z.K.: H.Such, Die Bedeutung des Vertragssystems bei der Verwirklichung des neuen Kurses. Berlin 1954, 74 S. (Rez.). (P.i P.,1956,H.1,S.168-171)

Pflicke,G.:Akkreditiv-Verfahren und Vertragssystem. (DFW, 1956,H.9,S.396-399) 8

Račev,A. (Ratschew,A.): Der Inhalt und die juristischen Folgen von Entscheidungen, die nach Artikel 19 des Gesetzes über Verpflichtungen und Verträge gefällt wurden. (Soc.pravo,1956, H.4,S.29-43)

Richter,R.: M.Schellenberger, Grundlage, Bedeutung und rechtliche Regelung der Struktur derWirtschaftsverträge in der Deutschen Demokratischen Republik.Berlin 1955, 142 S. (Rez.). (NJ,1956,H.13,S.420 a)

Spišiak,J.: Verjährung oder Ausschluß von Ansprüchen aus Schuldverhältnissen zwischen den Subjektiven des sozialistischen Sektors (theoretische Bemerkungen). (Pr.obz.,1956,H.3, S.129-144) 14

Stojčev,I. (Stojtschew,I.): Die dritte Person im Arbitrageverfahren. (Soc.pravo,1956,H.2,S.29-38)

Švarc,Ch.I. (Schwarz,Ch.I.): Der Vertrag der zentralisierten Güterbeförderung durch Kraftfahrzeuge und seine volkswirtschaftliche Bedeutung. (Sov.gos.pravo,1956,H.3,S.114-120)

Tadžer,V.E. (Tadsher,V.E.): Die Senkung der Vertragsstrafe - Artikel 92 Abs. 3 des Gesetzes über die vertraglichen Verpflichtungen. (Soc.pravo,1956,H.4,S.1-14)

Virsík,A.: Die Verbindlichkeit einiger Vorschriften über die Wirtschaftsverträge. (Pr.obz.,1956,H.3,S.165-174)

Wiemann,H.: Aus der Praxis desSchiedsgerichts bei der Kammer für Außenhandel. (NJ,1956,H.14,S.436-439)

14. Zivilrecht, Zivilprozeß

Ansorg,L.: Rechtshilfeersuchen an westdeutsche Gerichte im Eheverfahren. (NJ,1956,H.16,S.503) 15

Arlt,E.: Die Bekanntmachung der Anmeldung im westdeutschen Warenzeicheneintragungsverfahren. (EuV,1956,H.13,S.301-305)

Arlt,E.: Erhebung desWiderspruchs im westdeutschen Warenzeicheneintragungsverfahren. (EuV,1956,H.14,S.325-327)

Arlt,R.: Zur Charakteristik der westdeutschen Agrargesetzgebung.
(St R,1956,H.4,S.498-506) 9

Avramov,L. (Awramow,L.): Bemerkungen zum Plagiat. (Soc. pravo,1956,H.2,S.14-25)

Balaz,A.: Die neuen Statuten der Volkseigenen Industriebetriebe. (Pr.obz.,1956,H.5,S.269-277) 7

Bavorský,J.: Lehrbuch des Zivil- und Familienrechts. Prag 1955. (Rez.). (Pr.obz.,1956,H.3,S.186) 15

Becker,G.: Die Behandlung und Vergütung von Verbesserungsvorschlägen, die dieAnschaffung von Arbeitsmitteln anregen. (EuV,1956,H.11,S.256-258)

Bielecki,C.: Über die Zulässigkeit des sog. Anschlußverfahrens. (P.i P.,1956,H.1,S.118-131) 10

Böttger,K.: Praktische Hinweise für den Handel mit der Republik Sudan. (Ahdl.,1956,H.11,S.396-397)

Praktische Hinweise für den Handel mitBolivien. (Ahdl.,1956, H.11,S.386-387)

Czachórski,W.: R.O.Chalfina, Das Recht des persönlichen Eigentums der Bürger in der UdSSR. Moskwa 1955, 181 S. (Rez.), (P.i P.,1956,H.3,S. 583-586)

Dorn,P.: Die alten Lieferbedingungen sind überholt. (Hdl., 1956,H.13,S.8-10)

Dornberger,G.: Zehn Jahre Volkseigentum in der Deutschen Demokratischen Republik. (St R,1956,H.4,S.435-449) 6

Droggan,G.: Die Patenthindernisse "Ältere Rechte" und"Widerrechtliche Entnahme". (EuV,1956,H.11,S.253-256)

Droggan,G.: Einschränkungen des Rechts aus dem Patent. Erläuterungen zu § 7 des Patentgesetzes. (EuV,1956,H.13,S. 305-308)

Gottschalk,H.; G.Feiler: Die Bedeutung vonSchuldtiteln über verjährte Forderungen. (NJ,1956,H.15,S.473-474)

Grzybowski,St.: A. Wolter, Zivilrecht. Allgemeiner Teil.(Rez.) (P.i P.,1956,H.1,S.150-160)

Grzybowski,St.: Die zivilrechtliche Problematik des Erfinderrechts in Volkspolen. (P.i P.,1956,H.3,S.479-497)

Grzybowski,St.: S.Szer, Allgemeiner Teil des Zivilrechts. (Rez.) (N.P.,1956,H.6,S.117-120)

Gwiazdomorski,J.: Das "Mieten" von Räumen als Kodifikationsproblem. (P.i P.,1956,H.4,S.652-679)

Ignatowicz,J.: Einige Bemerkungen zum Prozeß über die Vaterschaftsfeststellung und über Unterhaltskosten nach dem Ableben des vermutlichen Vaters. (N.P.,1956,H.4,S.94-98)

Junker,E.: Warenzeichenverband - Verbandswarenzeichen. (EuV, 1956,H.9,S.212-213)

Knapp,V.: Das Zivilrecht derDeutschen Demokratischen Republik. Allgemeiner Teil. Berlin 1955, 374 S. (Rez.). (Pr.,1956,H.2, S.175 ff.; deutsch: RID,1956,H.12,Sp.355-360)

Der Konsumentenkredit im westdeutschen Einzelhandel. (Ber.Dt. Wirtsch.Inst.,1956,H.9,S.1-23) 8

Laguna,Z.: Der Sachverständigenbeweis in Prozessen wegen sogenannter "Mieterleistungen". (N.P.,1956,H.6,S.105-107)

Laptev,V.V. (Laptjew,W.W.): Ein interessantes Buch über das Zivilrecht der Deutschen Demokratischen Republik. (Das Zivilrecht der DDR, Allg.Teil. Berlin 1955, 374 S.; Rez.) (Sov.gos.pravo,1956,H.2,S.151-155; deutsch: RID,1956,H.12, Sp.333-339)

Lemke,P.: Die Lizenzgesetzgebung in der Volksrepublik Polen. (EuV,1956,H.13,S.302)

Lübchen,G.-A.; H.Hauschild: DieDurchführung der Zwangsvollstreckung in der Landwirtschaft. (NJ,1956,H.15,S.463-464) 9

Markovski,D.; N.Dumanov (Markowski,D.; N.Dumanow): Der gutgläubige Besitz und sein juristischer Charakter. (Soc.pravo, 1956,H.3,S.13-23)

Mühlmann,M.: Bericht über eine Arbeitstagung der Abteilung Zivilrecht des Deutschen Instituts für Rechtswissenschaft. (St R,1956,H.4,S.540-546)

Nathan,H.: Der Allgemeine Teil des Zivilrechts. (St R,1956, H.4,S.507-526)

Nizsalovszky,E.: Der Allgemeine Teil des Lehrbuchs des Zivilrechts der Deutschen Demokratischen Republik. Berlin 1955, 374 S. (Rez.). (J.K.,1955,H.12,S.770 ff.; deutsch: RID,1956, H.12,Sp.339-356)

Peise,W.: Patentfähigkeit und Patentreinheit. (EuV,1956,H.14, S.329-330)

Pfeiffer,G.: Über die Anwendbarkeit des § 77 GKG im Verfahren nach der neuen Eheverordnung. (NJ,1956,H.16,S.498-499) 15

Planer,L.: Um die Verbesserung von Vollstreckungen aus Zivilprozessen. (N.P.,1956,H.6,S.104-105)

Plevka,A.; K.Krásničanová: Die Erfahrungen mit derAusfertigung der Entscheidung in der Beratung. (Soudce z lidu, 1956,H.4,S.60-61)

Praktische Hinweise für den Handel mit Paraguay. (Ahdl., 1956,H.8,S.276)

Praktische Hinweise für den Handel mit Portugal. (Ahdl., 1956,H.9,S.313-314)

Rafacz-Kryzanowska,M.: Die Prozeßvollmacht eines staatlichen Betriebes. (N.P.,1956,H.6,S.99-100)

Reinhold,J.: Die Kostenregelung bei wiederholtem Nichterscheinen des Klägers im Eheverfahren. (NJ,1956,H.16,S.503-504)

Rüffle,M.: Die Deutsche Demokratische Republik wendet die internationalen Verträge auf dem Gebiet des gewerblichen Rechtsschutzes wieder an. (EuV,1956,H.9,S.204-206; H.10,S.229-230)
2

Sárándi,I.: Erörterung des Zivilrechtslehrbuches 1. Allgemeiner Teil. (J.K.,1956,H.1,S.56-59)

Schubert,W.: Abwehrzeichen, Vorratszeichen und Vorratswaren. (EuV,1956,H.14,S.328-329)

Zur Anmeldung und Sicherung von Schutzrechten außerhalb der Deutschen Demokratischen Republik. (EuV,1956,H.13,S.308-309)

Siedlecki,W.: Die Verwirklichung des Prinzips der freien Beweiswürdigung im polnischen Zivilprozeß. (P.i P.,1956,H.4, S.15-33)

Der "soziale" Wohnungsbau in Westdeutschland. (Ber.Dt.Wirtsch. Inst.,1956,H.5,S.3-16) 7

Stajgr,F.: Der Staatsanwalt im Zivilprozeß nach tschechoslowakischem Recht. (St R,1956,H.4,S.468-484)

Stalev,P.Ž. (Stalew,P.Sh.): Die sozialistischen Organisationen als dritte Person im Klageverfahren. (Soc.pravo,1956, H.1,S.6-16)

Szpunar,A.: Die Haftung für einen Schaden, verursacht durch Gebäudeeinsturz. (N.P.,1956,H.5,S.6-18)

Szulczynski,W.: J.Grynberg, Einige zivilrechtliche Probleme der Investitionsdisziplin. (Rez.) (P.i P.,1956,H.2,S.321-322)

Tarchov,V.A. (Tarchow,W.A.): G.K.Matveev (G.K.Matwejew), Die Schuld im sowjetischen Zivilrecht. (Rez.) (Sov.gos.pravo, 1956,H.3,S.147-150)

Tatarov,T. (Tatarow,T.): Über die Beweisführung im Zivilprozeß. (Soc.pravo,1955,H.10,S.20-25)

Toeplitz,H.: Privatbetriebe mit staatlicher Beteiligung. (NJ,1956,H.13,S.404-406) 9

Trammer,H.: Einige Bemerkungen uber das Kapitel IV des Entwurfs der Zivilprozeßordnung der Volksrepublik Polen. (N.P., 1956,H.4,S.81-88)

Internationale Registrierung von Warenzeichen. (Ahdl.,1956, H.13,S.464)

Wolter,A.: Am Rande des Personenstandsrechts. (N.P.,1956,H.6, S.89-98)

Wolter,A.: W.Ludwiczak, Der Auftragsvertrag. (Rez.) (P.i P., 1956,H.1,S.160-165)

15. Familienrecht

Barasch,E.A.: Die Unterhaltspflicht der Eltern für ihre minderjährigen Kinder. (J.N.,1956,H.2,S.207-223)

Bretfeld,E.G.: Zur Frage des Unterhalts nach erfolgter Scheidung. (NJ,1956,H.16,S.498)

Dierl,W.;F.Bandt;H.-J.Müller: Unterhaltsregelung durch Urteil oder durch Vergleich? (NJ,1956,H.16,S.497-498)

Dybowski,T.: Einige Fragen aus der Problematik der Ehescheidungen auf der Grundlage der Rechtsprechung der Wissenschaft. (N.P.,1956,H.6,S.49-63)

Über gesellschaftliche und juristische Aspekte der Ehescheidung. (N.P.,1956,H.6,S.47-49)

Gasier,Z.: Die Unterhaltspflicht der Eltern gegenüber minderjährigen Kindern. (N.P.,1956,H.4,S.106-107)

Gwiazdomorski,J.: J.St.Piatowski, Vermögensverhältnisse zwischen den Ehegatten. Warszawa 1955,164 S. (Rez.). (P.i P.,1956, H.3,S.571-578)

Hölzer,N.; Sieber;H.Rothschild: Formalismus oder Gesetzlichkeit? Zur Anwendung des § 9 HausratsVO. (NJ,1956,H.12,S.276-379)

Kendzierska,A.: Die Zerrüttung der Ehegemeinschaft als Scheidungsgrund. (N.P.,1956,H.4,S.70-80)

Kúsnierz,A.: Die Einverständnisverweigerung der Mutter zur Anerkennung des Kindes durch dessen tatsächlichen Vater. (N.P.,1956,H.6,S.107-109)

Planková,O.: Die Änderung der Vorschriften über die Scheidung. (Pr.obz.,1956,H.4,S.250-251)

16. Internationales Privatrecht

Hofmann,W.: Die Bedeutung des Eigentumsvorbehaltes im Außenhandelskaufvertrag. (Ahdl.,1956,H.9,S.320-321)

17. Arbeitsrecht

Aleksandrov,N.G. (Alexandrow,N.G.): Zu einigen Fragen des Arbeitsrechts im Zusammenhang mit den Beschlüssen des XX. Parteitages der KPdSU. (Sov.gos.pravo,1956,H.3,S.36-49; deutsch: RID,1956,H.15,Sp.423-438)

Barré,K.F. de la: Der Prämienfonds - ein Mittel zur Ausnutzung des Prinzips der materiellen Interessiertheit. (A.u.S., 1956,H.11,S.329-331)

Biely,K.: Schadenersatzforderungen aus dem Arbeitsverhältnis und das Gesetz Nr.101/1953 über die Übergangsregelung der Verjährung. (Pr.obz.,1956,H.4,S.235-240)

Broniewicz,W.: Über die Frage der Berufung und der Abberufung des Direktors eines staatlichen Betriebes. (N.P.,1955,H.11, S.62-70; deutsch: RID,1956,H.15,Sp.449-458) 7

Doval,P.P.: Über das rumänische Arbeitsrecht. (Pr.obz.,1956, H.3,S.145-157)

Engelmann,W.: Betriebskollektivvertrag und das Erfindungs- und Vorschlagswesen. (EuV,1956,H.11,S.242-244) 14

Ginoburg,L.J. (Ginzburg,L.J.):Einige Fragen des Rechts der Arbeiter und Angestellten auf Urlaub. (Sov.gos.pravo,1956, H.2,S.67-77; deutsch: RID, 1956,H.15,Sp.438-449)

Glazer,E.: Die arbeitsrechtlichen Bestimmungen des neuen Gesetzes über die volkseigenen Betriebe. (Pr.obz.,1956,H.3,S. 174-185)

Göhring,J.; L.Penndorf: Aufgaben der Staatsanwälte bei der Mitwirkung im Zivil- und Arbeitsrechtsstreit. (NJ,1956,H.12, S.365-370) 14

Haas,W.: R.Kranke, Das Kündigungsrecht. Berlin 1956, 168 S. (Rez.). (A.u.S.,1956,H.9,S.278-279)

Hanzlik,V.; J.Tomes: A.Mydlika, Die Untersuchungshaft des Beschäftigten - Arbeits- und Lohnansprüche nach dem Gesetz Nr. 154/1934. (Rez.) (Pr.obz.,1956,H.5,S.306-308) 10

Heuer,R.: Der grundsätzliche Unterschied zwischen dem Leistungslohn und dem Akkordlohn. (Einh.,1956,H.5,S.484-488)

Johansson,S.: Die schwedischen Frauen fordern gleichen Lohn für gleiche Arbeit. (WGBew.,1956,H.4,S.46-47)

Jonkisch,I.: Drei Jahre Konfliktkommissionen. (A.u.S.,1956, H.12,S.373-374)

Kakol,K.: W.Jaśkiewicz, Das Arbeitsrechtsverhältnis in den polnischen Gewerbegenossenschaften. Warszawa 1955, 232 S. (Rez.) (P.i P.,1956,H.3,S.578-581)

Kertész,I.: Die Einschränkung des Schadensersatzes im Arbeitsrecht. (J.K.,1956,H.1,S.48-53)

Kunter,G.; R.Sprengel: Zur Rolle der bürgerlichen Arbeitswissenschaft. (A.u.S.,1956,H.13,S.393-395; H.14,S.421-424)

Landin,S.: Die schwedischen Arbeiter kämpfen für Verkürzung der Arbeitszeit. (WGBew.,1956,H.4,S.37-39)

Malsa,K.; J.Sluga: Die strafrechtliche und die zivilrechtliche Verantwortlichkeit für den Arbeitsschutz. (Soudze zu lidu, 1956,H.4,S.63-64) 10,14

Mascarello,L.: Betriebsvereinbarungen in Frankreich. (WGBew., 1956,H.6,S.16-19)

Mäthe,H.: Welche Fehler und Mängel zeigen sich im Inhalt der Betriebskollektivverträge 1956, und wie müssen wir sie überwinden? (Gew.Akt.,1956,H.8,S.19-22)

Moix,J.: Die Streiks in Spanien. (WGBew.,1956,H.6,S.7-10)

Münch,W.: Zu einigen Fragen des Prinzips der materiellen Interessiertheit in den MTS. (Arb.,1956,H.7,S.442-452)

Noak,I.: Die Entlohnung bei vorübergehender Zuweisung einer anderen Tätigkeit (Schluß). (A.u.S.,1956,H.9,S.280-282)

Noce, T.: Der WGB kämpft für gleichen Lohn bei gleicher Arbeit. (WGBew.,1956,H.5,S.27-30)

Oprescu,I.: Einige Fragen, die mit der materiellen Verantwortlichkeit der Arbeiter und Angestellten im Zusammenhang stehen. (J.N.,1956,H.2,S.248-261)

Pahl,A.: Erstattung der Reisekosten bei angeordneten Lehrgängen. (A.u.S.,1956,H.11,S.341-343)

Resolution der Gewerkschaftskonferenz für die 40-Stunden-Woche. (WGBew.,1956,H.5,S.10)

Santi,F.: Nicht nur gerecht, sondern auch möglich (Schlußwort auf derTuriner Konferenz für die Vierzigstundenwoche). (WGBew., 1956,H.6,S.28-29)

Schaaf,H.J.: Zu einigen Fragen der Arbeitsordnung in den sozialistischen Betrieben. (A.u.S.,1956,H.12,S.377-378)

Schlegel,R.: Neue Kündigungsfristen im Arbeitsrecht für Angehörige der Intelligenz und für technische Kräfte mit Spezialerfahrung. (A.u.S.,1956,H.13,S.405-407)

Schmack,O.: Über die Anerkennung der Entschädigungspflicht bei Betriebsunfällen. (A.u.S.,1956,H.11,S.349-350)

Schneider,R.: Die Bekanntgabe der Sachwerbeschädigten-Eigenschaft an den Betrieb. (A.u.S.,1956,H.14,S.437-440)

Šebek,O.: DieBeendigung des Arbeitsverhältnisses. (Soudce zu lidu,1956,H.4,S.55-57)

Sprengel,R.: DieTarnung der Minderentlohnung der Frauen in Westdeutschland. (A.u.S.,1956,H.9,S.258-260; H.10,S.299)

Stelter,K.: Über die Unzulässigkeit der Änderungskündigung. (A.u.S.,1956,H.10,S.310-312; H.11,S.343-344)

Die europäischen Werktätigen eröffnen die Kampagne für die 40-Stundenwoche. (WGBew.,1956,H.5,S.1-2)

18. Sonstiges

Culicovschi,Ch.: Die wissenschaftliche Tagung der Bukarester JuristischenFakultät. (J.N.,1956,H.2,S.302-304)

Die Qualität der rechtswissenschaftlichen Dissertationen muß verbessert werden. (Sov.gos.pravo,1956,H.3,S.26-35)

Imig,W.: Zu einigen Fragen des Fernstudiums. (NJ,1956,H.15, S.470-472)

6. Kongreß der Internationalen Vereinigung Demokratischer Juristen. (NJ,1956,H.14,S.421-425)

Die Internationale Vereinigung für Rechtswissenschaften an der UNESCO. (P.i P.,1956,H.1,S.176)

Die nächsten Aufgaben der Rechtswissenschaft. Bericht über die erste Gesamtkonferenz des Deutschen Instituts für Rechtswissenschaft. (NJ,1956,H.12,S.370-373)

Der XX. Parteitag der KPdSU und die Aufgaben der sowjetischen Rechtswissenschaft. (Sov.gos.pravo,1956,H.2; deutsch: Sov. Wiss.,1956,H.7,S.861-876)

Schneider,R.: Eine bedeutende rechtswissenschaftliche Konferenz.(Wirtsch.Wiss.,1956,H.2,S.299-3o2)

Such,H.:Einige Lehren aus der 3.Parteikonferenz der Sozialistischen Einheitspartei Deutschlands und ihre Auswertung. (St R,1956,H.4,S.4o5-414)

Ulbricht,W.: Zur wissenschaftlichen Diskussion an den Universitäten.(Forum,Wiss.Beil.,1956,H.11,S.1-8)

B. BIBLIOGRAPHIE AUS ZEITSCHRIFTEN DER DEUTSCHEN BUNDESREPUBLIK

Diese Bibliographie enthält eine Auswahl einschlägiger Artikel aus folgenden Zeitschriften: 1)

AcP	= Archiv für die civilistische Praxis, Tübingen	1956,Bd 155,H.2-3
AG	= Der Arbeitgeber, Düsseldorf	1956,H.9-12
AöR	= Archiv des öffentlichen Rechts, Tübingen	1955,Bd 80,H.4 1956,Bd 81,H.1
ArbuR	= Arbeit und Recht, Köln	1956,H.4-6
ARSP	= Archiv für Rechts- und Sozialphilosophie, Meisenheim/Glan	1955,H.4; 1956,H.1
ASP	= Arbeit und Sozialpolitik, Bonn	1956,H.4-7
AUSS.POL.	= Außenpolitik, Stuttgart	1956,H.5-6
B	= Der Betrieb, Düsseldorf	1956,H.12-28
BB	= Der Betriebs-Berater, Heidelberg	1956,H.10-18
DJ	= Die Justiz, Düsseldorf	1956,H.1
DÖV	= Die Öffentliche Verwaltung, Stuttgart	1956,H.5-10;13
DRiZ	= Deutsche Richterzeitung, Köln,Berlin	1956,H.4-7
DVBl.	= Deutsches Verwaltungsblatt, Köln, Berlin	1956,H.6-13
DWW	= Deutsche Wohnungswirtschaft, Düsseldorf	1956,H.3-6
EA	= Europa-Archiv, Frankfurt	1956,H.9-13
FamRZ	= Ehe und Familie im privaten und öffentlichen Recht, Bielefeld	1956,H.5
FR	= Finanz-Rundschau, DeutschesSteuerblatt, Köln	1956,H.7-12
GAStr	= Goltdammer's Archiv für Strafrecht, Hamburg	1956,H.4-5
Gew.Mon.H.	= Gewerkschaftliche Monatshefte, Köln	1956,H.5-6
GRUR	= Gewerblicher Rechtsschutz und Urheberrecht, Weinheim	1956,H.4-6
HW	= Haus und Wohnung, Berlin	1956,H.7-8
Int.Jb.Pol.	= Internationales Jahrbuch der Politik, München	1956,H.4
JZ	= Juristenzeitung, Tübingen	1956,H.8-13

Mbl.freiheitl.Wipol.= Monatsblätter für freiheitliche Wirtschaftspolitik, Frankfurt 1956,H.3-5

MDR = Monatsschrift für Deutsches Recht, Hamburg 1956,H.5-6

Mitbest. = Die Mitbestimmung, Hamburg 1955,H.1-C; 1956,H.2-3

MschrKrim = Monatsschrift für Kriminologie und Strafrechtsreform, Berlin, Köln 1956,H.1-2

Nachr.St.u.ZollR. = Aktuelle Nachrichten für Steuer- und Zollrecht, Bonn 1956,H.4

N.Gesellschaft = Die Neue Gesellschaft, Bielefeld 1956,H.2-3

NJW = Neue Juristische Wochenschrift, München, Berlin 1956,H.17-25

Öff.D. = Der Öffentliche Dienst, Düsseldorf 1956,H.3-4

Öff.Haush. = Der öffentliche Haushalt - Archiv für Finanzkontrolle, Göttingen 1956,H.5-6

Politische Studien - Monatshefte der Hochschule für Politische Wissenschaften, München........................... 1956,H.70-72

RdA = Recht der Arbeit, München, Berlin . 1956,H.4-6

RdJ = Recht der Jugend, Berlin 1956,H.7-13

RdL = Recht der Landwirtschaft, Hamburg . 1956,H.4-6

RiW = Recht der internationalenWirtschaft, Heidelberg 1956,H.2

RLA = Rundschau für den Lastenausgleich, Hamburg 1956,H.7-13

SchlHA = Schleswig-HolsteinischeAnzeigen, Kiel 1956,H.5

SCHM.JB. = Schmollers Jahrbuch für Gesetzgebung, Verwaltung undVolkswirtschaft, Berlin 1956,H.2-3

SGb = Die Sozialgerichtsbarkeit, Wiesbaden 1956,H.4-6

SKV = Staats- und Kommunalverwaltung, Berlin 1956,H.4-5

Soz.Sicherh.= Soziale Sicherheit, Zeitschrift für Sozialpolitik, Köln 1956,H.5-6

TW = Die Teilzahlungswirtschaft, Dortmund 1956,H.2-3; 1955,H.1

Universitas (Zeitschrift fürWissenschaft, Kunst und Literatur), Stuttgart 1956,H.5-7

UStR = Umsatzsteuer-Rundschau, Köln 1956,H.7-12

Wissen und Tat - Zeitschrift für Theorie und Praxis des wissenschaftlichen Sozialismus, Hamburg 1956,H.2-6

WRP	= Wettbewerb in Recht und Praxis, Frankfurt	1956,H.4-6
WuW	= Wirtschaft und Wettbewerb, Düsseldorf	1956,H.3-6
Z.ausl.öff.R.u.VR.	= Zeitschrift für ausländisches öffentliches Recht und Völkerrecht, Stuttgart, Köln	1955,Bd.16, H.3-4;: 1956 Bd.17,H.1
Zbl.Jug.R.	= Zentralblatt für Jugendrecht und Jugendwohlfahrt, Köln, Berlin	1956,H.3
ZMR	= Zeitschrift für Miet- und Raumrecht, Düsseldorf	1956,H.5-7
Z.POLIT.	= Zeitschrift fur Politik, Berlin	1956,H.4
Z.Soz.ref.	= Zeitschrift für Sozialreform, Wiesbaden	1956,H.2-6
ZSt	= Zeitschrift für die gesamte Staatswissenschaft, Tubingen	1956,Bd.112 H.2
ZStr	= Zeitschrift für die gesamte Strafrechtswissenschaft, Berlin	1956,Bd 68,H.1
Z.St.soz.	= Zeitschrift für Staatssoziologie, Darmstadt	1955,H.1-4; 1956,H.1
ZV u. ZV	= Zeitungs-Verlag und Zeitschriften-Verlag, Wiesbaden	1956,H.7-10
ZZP	= Zeitschrift fur Zivilprozeß, Berlin .	1956,Bd.69, H.1

1) Die hier aufgeführten Hefte sind gemäß der Benutzungsordnung der Bibliothek des Deutschen Instituts für Rechtswissenschaft bedingt ausleihfähig.

1. Theorie und Geschichte des Staates und des Rechts [1)]

Aldermann,F.: Eine falsche Rechnung? (Wahlstrategie). (ASP, 1956,H.7,S.205-207)

Brecht,A.: Die Auflösung der Weimarer Republik und die politische Wissenschaft. (Z.POLIT.,1955,H.4,S.291-308)

Bruhns, L.: Rom und Germanentum. (Universitas,1956,H.5, S.459-468)

Grabowsky,A.: Robespierre. Versuch einer Charakteristik. (Z.POLIT.,1955,H.4,S.309-330)

Hasenfuß,J.: Religion und Recht. (ARSP,1956,H.1,S.50-67)

Hirsch,E.E.: Wird das Recht unserer Zeit gerecht? (Universitas,1956,H.5,S.493-501)

Jakobi,G.: Die ideologische Strategie der CDU. (Wissen und Tat,1956,H.6,S.16-25)

Reiner,H.: Antike und christliche Naturrechtslehre. Zu Flückigers "Geschichte des Naturrechts I". (ARSP,1955,H.4, S.528-561)

Reinicke,D. und G.: Zum Vertrauensschutz auf eine ständige Rechtsprechung. (MDR,1956,H.6,S.324-328)

Richterrecht oder Gesetzesrecht? (NJW,1956,H.18,S.659) 3

Schneider,P.: Naturrechtliche Strömungen in deutscher Rechtsprechung. (ARSP,1956,H.1,S.98-111)

Sombart,N.: Vom Ursprung der Geschichtssoziologie. (ARSP, 1955,H.4,S.469-510)

Togliatti,P.: Über die Möglichkeit der Ausnutzung des parlamentarischen Weges für den Übergang zum Sozialismus. (Wissen und Tat, 1956,H.5,S.31-37)

Wehner,H.: Voraussetzungen derWiedervereinigung Deutschlands. (N.Gesellschaft,1956,H.2,S.83-98)

2.Völkerrecht und Außenpolitik

Sowjetische Vorschläge zur Abrüstungsfrage. (EA,1956,H.13, S.9007-9014)

Backsmann,H.: Über die Mitwirkung des Gesetzgebers bei der Änderung völkerrechtlicher Verträge. Ein Beitrag zur Lehre von der auswärtigen Gewalt. (DVBl.,1956,H.10,S.317-320) 3

1) Die nach der Fundstelle eines Artikels angegebenen Zahlen verweisen auf dieBedeutung dieses Artikels auch für andere Fachgebiete entsprechend der hier zugrunde gelegten Systematik.

Schlußkommuniqué der 2. Tagung des Rates des Bagdadpaktes in Teheran vom 16.-19.April 1956. (EA,1956,H.10,S.8881-8883)

Bindschedler, R.L.: Die Neutralität im modernen Völkerrecht. (Z.ausl.öff.R.u.VR.,1956,H.1,S.1-37)

Kommuniqué der deutsch-französischen Besprechungen in Luxemburg am 4. Juni 1956. (EA,1956,H.12,S.8971-8972)

Kommuniqué der Außenministerkonferenz der EGKS (Europ.Gemeinschaft f. Kohle und Stahl) in Venedig vom 30. Mai 1956. (EA,1956,H.12,S.8971)

Mitteilungen des Europarats. Erster Teil der 8. Sitzungsperiode der Beratenden Versammlung.(EA,1956,H.11,S.8931-8948)

Friedrich,O.A.: Außenpolitik mit wirtschaftlichem Boden. (AUSS.POL.,1956,H.6,S.345-355)

Die Ergebnisse des Besuchs Bulganins und Chruschtschows in Großbritannien vom 18. bis zum 27. April 1956. (EA,1956, H.10,S.8877-8879)

Heidelmeyer,W.: Schiedsvereinbarungen in Verträgen der Bundesrepublik Deutschland. (Z.ausl.öff.R.u.RV.,1956,H.3-4, S.567-590)

Heywood,M.: Der Colombo-Plan. (EA,1956,H.13,S.8989-9002)

Honig,F.: Die Rechtsprechung des Internationalen Gerichtshofs 1954-1955. (Z.ausl.öff.R.u.VR.,1956,H.3-4,S.621-645)

Lieberknecht,O.: Die Enteignung deutscher Mitgliedschaftsrechte an ausländischen Gesellschaften mit in Deutschland belegenem Vermögen. (NJW,1956,H.25,S.931-936) 10, 12

Dokumente zur Herstellung der Unabhängigkeit von Marokko und Tunesien. (EA,1956,H.10,S.8885-8886) 2

Melnikow, D.: Das Problem der Neutralität in der gegenwärtigen internationalen Situation. (Wissen und Tat,1956,H.6, S.64-75)

Mosely,P.E.: Die Sowjetunion und die Vereinigten Staaten von Nordamerika. Probleme und Aussichten. (EA,1956,H.9,S. 8797-8802)

Erklärung des sowjetischen Außenministeriums vom 17.April 1956 über die Lage im Nahen Osten. (EA,1956,H.9,S.8834-8835)

DieErgebnisse der Pariser Tagungen der NATO und der WEU. Kommuniqué der Tagung des Ministerrats der NATO am 4. und 5. Mai. (EA,1956,H.11,S.8919-8920)

Partsch,K.J.: Die europäische Menschenrechtskonvention vor den nationalen Parlamenten. (Z.ausl.öff.R.u.VR.,1956,H.1, S.93-132)

Pollard,H.M.: DieVölkerrechtskommission der Vereinten Nationen. (EA,1956,H.13,S.9003-9006)

Scheuner,U.: Die Frage der deutschen Wiedervereinigung nach den Genfer und Londoner Gesprächen. (AUSS.POL.,1956,H.6,S.355-362)

Schlochauer,H.-J.: Die Revision der Satzung der Vereinten Nationen. (JZ,1956,H.8,S.233-237)

Seidl-Hohenveldern,I.: Der österreichische Staatsvertrag vom 15.Mai 1955. (Z.ausl.öff.R.u.VR.,1956,H.3-4,S.590-621)

Gemeinsame sowjetisch-französische Erklärung vom 19. Mai 1956 über den Staatsbesuch des französischen Ministerpräsidenten Guy Mollet. (EA,1956,H.11,S.8920-8922)

Sowjetisch-Schwedisches Kommuniqué vom 3. April 1956 über den Besuch des schwedischen Ministerpräsidenten TageErlander in der Sowjetunion. (EA,1956,H.9,S.8835-8836)

Steindorff,E.: Literatur zur Entwicklung der Europäischen Gemeinschaft für Kohle und Stahl. (EA,1956,H.12,S.8967-8969)

Stöcker,H.J.: Jahresversammlung des Deutschen Vereins für Internationales Seerecht. (MDR,1956,H.5,S.274-275)

Kommuniqué der Tagung des Rates der Westeuropäischen Union am 3. Mai 1956. (EA,.956,H.11,S.8920)

3. Staats- und Verwaltungsrecht

Bischoff,F.: Neue rechtstechnische Gestaltungsmöglichkeiten im Bereich der unmittelbaren Staatsverwaltung. (AöR,1956, H.1,S.54-83)

Bochalli: Das Personalvertretungsrecht. (DVBl.,1956,H.12, S.392-395)

Buch,F.: Die Entwicklung des öffentlichen Rechts in Hessen im zweiten Halbjahr 1955. (DVBl.,1956,H.10,S.332-334)

Fischbach,O.G.: Das schleswig-holsteinische Landesbeamtengesetz und der Entwurf des 1. Beamtenrechtsrahmengesetzes. (DVBl.,1956,H.12,S.389-392)

Friese: Zum Entwurf eines Bundesbaugesetzes. (NJW,1956,H.17, S.613-616) 2

Gerber,H.: Die Sozialstaatsklausel des Grundgesetzes. Ein Rechtsgutachten. (AöR,1956,H.1,S.1-54)

Grauvogel,G.; Schwammberger: Nochmals: Enteignung und Umlegung. (DÖV,1956,H.8,S.229-235)

Gross,W.: Betrachtungen. (Änderungen des Grundgesetzes). DVBl.,1956,H.8,S.260-262)

Gross, W.: Betrachtungen. (Richtergesetz). (DVBl.,1956,H.10, S.330-332)

Gross,W.: Betrachtungen. Wehrpflicht. (DVBl.,1956,H.11, S.366-368)

Guelde: Bemerkungen zum neuen Straßenverkehrsrecht. (NJW, 1956,H.22,S. 813-817)

Henning,E.; Hopp: Besatzungsrecht, Rückerstattung und Hypothekengewinnabgabe. (NJW,1956,H.24,S.900) 9, 4

Jentsch,U.: Zum Begriff des öffentlichen Rechts. (DÖV,1956, H.10,S.299-300)

Kadenbach,E.: Zur bindenden Wirkung der Entscheidungen des Bundesverfassungsgerichts. Versuch einer abschließenden Betrachtung. (AöR,1956,H.4, Bd.80, S.383-422)

Kiep-Altenloh: Die Stellung der Fürsorge im System der sozialen Leistungen. (Z.Soz.ref.,1956,H.5,S.130-132) 13

Koehler,A.: Aus der Rechtsprechung des Bundesverwaltungsgerichts. (MDR,1956,H.5,S.265-269)

Kreutzer,H.: Die Stellung des Landes Berlin nach den Verträgen vonBonn und Paris. (DÖV,1956,H.8,S.225-229)

Marnowski,B.: Das Wahlrecht in der Bundesrepublik. (DJ,1956, H.1,S.1-7)

Merk,W.: Das Reich. (ZSt,1956,H.2,S.291-305)

Meyer,K.: Verwaltungsgerichtlicher Rechtsschutz und erledigter Verwaltungsakt. (DVBl.,1956,H.6,S.190-192)

Miksche,F.O.: Ist die westliche Wehrplanung richtig? (AUSS. POL.,1956,H.6,S.303-320)

Müller,H.: Die Anordnung des Vertretungszwanges im Verfahren vor dem Bundesverwaltungsgericht. (NJ W,1956,H.20,S.736-737)

Muthesius,V.: Wir brauchen keinen Bundeswirtschaftsrat. (Mbl. freiheitl.Wipol.,1956,H.3,S.147-149) 13

Oswald,D.: Die einstweilige Anordnung im verwaltungsgerichtlichen Verfahren. (DÖV,1956,H.8,S.236-239)

Paetel,K.O.: USA: Vorbericht zur Präsidentenwahl. (AUSS.POL., 1956,H.6,S.321-330)

Patzig,W.: Landesgesetzgeber und Ordnungswidrigkeitenrecht. Tendenzen und Probleme. (DÖV,1956,H.9,S.261-265; H.10,S. 295-298)

Pollock,J.K.: Der Präsident der Vereinigten Staaten. Seine Aufgaben und seine verfassungsmäßige Stellung. (AöR,1956, Bd.80,H.4,S.447-458)

Rentschler,R.: Artikel 34 GG und die Gesetzgebung. (DÖV,1956, H.7,S.207-209)

Rinn,I.: Verfassungs- und Verwaltungsreformbestrebungen innerhalb der Widerstandsbewegung gegen Hitler. (DÖV,1956,H.13, S.401-402)

Roedenbeck,H.-C.: DieEntwicklung des öffentlichen Rechts in Berlin im 2. Halbjahr 1955. (DVBl.,1956,H.8,S.262-265)

Rolle,D.E.: Das Kriegsdienstverweigerungsrecht. (DJ,1956, H.1,S.7-14)

Schack,F.: DerAufopferungsanspruch. (BB,1956,H.13,S.409-414) 2

Schmid, R.: Die Problematik des Verfassungsschutzes. (N.Gesellschaft,1956,H.3,S.163-171)

Schneider,R.: Immunität und Verfahrenseinstellung. (DVBl., 1956,H.11,S.363-365) 5

Schoeneberger,A.: Die Entwicklung des öffentlichen Rechts in Rheinland-Pfalz im 2. Halbjahr 1955. (DVBl.,1956,H.9, S.295-297)

Schreiber,W.: Gedanken zu einer Reform der Kriegsopferversorgung. (ASP,1956,H.5,S.146-148) 13

Schütte,H.: Beamteneid und freie Meinungsäußerung. (DÖV, 1956,H.13,S.394-396)

Schütz,E.: Der Verwaltungsakt als Rechtsfigur. (Öff.D.,1956, H.3,S.41-45)

Schultz,G.: Blick in die Zeit(Verfassungsgericht undVolksbegehren). (MDR,1956,H.5,S.272-274)

Seifert,K.-H.: Das Bundeswahlgesetz. (DÖV,1956,H.9,S.257-260)

Siegl,W.: Baulandumlegung und Enteignung. (DVBl.,1956,H.9, S.285-288)

Smend,R.: Reichskonkordat und Schulgesetzgebung. (JZ,1956, H.9,S.265-267)

Strebel; Voigt: Das Gesetz zur Regelung von Fragen der Staatsangehörigkeit vom 22. Februar 1955 (mit Text u. BVerfG.Urt. v.9.Nov.1955). (Z.ausl.öff.R.u.VR.,1956,H.3-4,S.646-682)

Thiel: Die Rechtsprechung der Verwaltungsgerichte zum Wohnsiedlungsgesetz. (NJW,.956,H.17,S.616-617)

Thiele,W.: Zwangsbeurlaubung des Beamten. (Öff.D.,1956,H.4, S.61-62)

Unverzagt,K.: Entschädigung für Demontageschäden. (BB,1956, H.15,S.487-488) 2

Um die Generalklausel der Verwaltungsgerichtsbarkeit. (DRiZ, 1956,H.7,S.154-155)

Walz,E.: Die badisch-württembergische Gemeindeordnung. (DVBl., 1956,H.7,S.220-225)

Wiedemann,W.: Bewirtschaftung desWassers? Bemerkungen zum Entwurf desWasserhaushaltsgesetzes. (RdL,1956,H.6,S.149-151)

Übersicht über die wesentlichen Bestimmungen des Zweiten Wohnungsbaugesetzes (B,1956,H.28,S.659-661) 3

Zippelius: Das Verbot übermäßiger gesetzlicher Beschränkung von Grundrechten. (DVBl.,1956,H.11,S.353-355)

4.Finanz-, Steuer- und Preisrecht

Bank, B.: Prüfungszuständigkeit der Rechnungshöfe. (Öff. Haush.,1955,H.5/6,S.206-214)

Bühler: Von der Struktur des internationalen Steuer- undWirtschaftsrechts. (NJW,1956,H.24,S.889-892) 12

Fischer-Menshausen,H.: Das Finanzverfassungsgesetz. (DÖV, 1956,H.6,S.161-171)

Flume,W.: Die Organschaft im Körperschaftssteuerrecht. Zivilrechtliche, handelsrechtliche und steuerrechtlicheBetrachtungen zur Rechtsprechung des Bundesfinanzhofs. (B,1956,H.20,S. 455-464)

Friedrich,W.:Aus der Rechtsprechung des Bundesfinanzhofs im Jahre 1955. (NJW,1956,H.23,S.854-857)

Gatz, W.: Das Ärgernis des fiskalischen Geldüberhangs. (Mbl. freiheitl.Wipol.,1956,H.5,S.287-291)

Hoffmann,F.: Gedanken zum Entwurf einerFinanzgerichtsordnung. (NJW,1956,H.27,S.972-975)

Köllner,L.: Die Bedeutung der Notenbanken für eine gemeinsame europäische Währungspolitik. (EA,1956,H.12,S.8961-8966)

Lange,E.: Zum Problem des Sparkommissars. (Öff.Haush.,1955, H.5/6,S.214-216)

Meier,W.: DieRückstellung für Körperschaftssteuer in der DMEB im Hinblick auf die Kreditgewinnabgabe. (B,1956,H.12, S.261-263)

Meimberg,R.: Grenzen der Geldpolitik als Mittel zur Stabilerhaltung des Geldwertes. (ZSt,1956,H.2,S.231-239)

Die steuerliche Behandlung von Mietkaufverträgen. (TW,1955, H.1,S.17-18)

Nieberl,A.: ZurBindung der Finanzbehörden an Urteile der Finanzgerichte. (FR,1956,H.12,S.265-266)

Pietzonka: Die Anfechtungsklage nach dem LAG. (NJW,1956, H.20,S.737-738)

Presting: Der Erstattungsanspruch im Lastenausgleichsgesetz. (RLA,1956,H.11,S.167-170)

Riepl,F.: Organschaft und Unternehmereinheit.(Mitbest.,1956, H.3,S.67-73)

Schulz,H.F.: Neugestaltung des deutschen Außenwirtschaftsrechtes. (BB,1956,H.16,S.505-507)

Siber,K.: Zur steuerlichen Behandlung zurückgegebener deutscher Auslandsvermögen in der Bundesrepublik Deutschland. (RiW,1956,H.2,S.47-48)

Spitaler,A.: Der Rechtsschutz desSteuerzahler. (Mbl.freiheitl.Wipol.,1956,H.4,S.212-218)

Zur Steuerfreiheit der Lieferungen und sonstigen Leistungen an die ausländischen Streitkräfte in der Bundesrepublik. (B,1956,H.22,S.511-512)

Überblick über die Änderung des Steuerstrafrechts. Gesetz zur Änderung von Vorschriften des Dritten Teiles der Reichsabgabenordnung (Steuerstrafrechtsänderungsgesetz). (B,1956,H.22, S.509-511) 5

Strickrodt,G.: Die Finanzverfassungsposition der deutschen Landwirtschaft. (FR,1956,H.9,S.193-194)

Zieschang,K.: Probleme der Invesitionsfinanzierung in Westdeutschland. (Wissen und Tat, 1956,H.4,S.65-92)

5. Strafrecht, Strafprozeß

Bertram,F.: Bild- und Tonberichterstattung im Gerichtsverfahren. (DRiZ,1956,H.6,S.127-128) 9

Börker,R.: Der Aufbau des Urteils in Strafsachen. (JZ,1956, H.13,S.399-407)

Busch: Die Bände 3-7 der strafrechtlichen Entscheidungen des Bundesgerichtshofs. (DRiZ,1956,H.6,S.124-127)

Busch,R.: Zum Verbrauch der Strafklage bei späterer Erkenntnis anderweiliger Tatgestaltung. (ZStr.,1956,H.1,S.3-13)

Cohnitz,W.-G.: Der Verteidiger in Jugendsachen. Ist im Jugendstrafverfahren die Mitwirkung eines Verteidigers notwendig? (RdJ,1956,H.13,S.196-198)

Dallinger,W.: Aus der Rechtsprechung des Bundesgerichtshofs in Strafsachen. (MDR,1956,H.5,S.269-272)

Dreher,E.: Die sechste Arbeitstagung der Großen Strafrechtskommission. (ZStr.,1956,H.1,S.71-108)

Faust,B.: Beitrag zur Aussagenpsychologie von jugendlichen Zeuginnen. (RdJ,1956,H.13,S.193-196)

Weitgehender Verzicht auf dieErhebung von Haftkosten. (DRiZ, 1956,H.7,S.157)

Hardwig,W.: DieGesinnungsmerkmale im Strafrecht. (ZStr.,1956, H.1,S.14-40)

Heinitz,E.: Verhütung der Jugendkriminalität. (ZStr.,1956, H.1,S.148-163)

Hellmer, J.: Ist dieWiedergutmachung des Schadens Voraussetzung der Strafaussetzung? (NJW,1956,H.27,S.979-980)

Hülle: Die technische Vorbereitung der Hauptverhandlung in Strafsachen durch den Vorsitzenden. (DRiZ,1956,H.7,S.148-150)

Humbert; Corves: Nochmals: Wiedereinführung des Gerichtsstandes des Verwahrungsortes (§ 8a StPO). (MDR,1956,H.6, S.334-336)

Janetzke, G.: Wann ist die Ersatzzustellung im Strafprozeß ausgeschlossen? ((NJW,1956,H.17,S.620-621)

Jeschek,H.-H.: Die Rechtsprechung des Bundesgerichtshofs in Strafsachen (Band 6 und 7 der Amtlichen Sammlung). (GAStr., 1956,H.4,S.97-119)

Stellungnahme desBundesjustizministers zur Frage derSchwerverbrechen von Jugendlichen. (RdJ,1956,H.9,S.142)

Kaufmann,A.: Tatbestand, Rechtfertigungsgründe und Irrtum. (JZ,1956,H.12,S.353-358; H.13,S.393-395)

Kielwein,G.: Der Verbrauch derStrafklage im englischen Strafverfahren. (ZStr.,1956,H.1,S.163-177)

Knoegel,W.: Zum Wesen praktischen Strafrechts. (DRiZ,1956, H.5,S.100-102)

Leiß,L.: Beschäftigte des öffentlichen Dienstes als Zeugen über dienstliche Vorgänge. (DÖV,1956,H.13,S.396-400) 9

Merkel, R.: Ist rechtwidriges Löschen von Tonbändern Sachbeschädigung? (NJW,1956,H.21,S.778)

Middendorff,W.: Religion und Verbrechen. (MschrKrim.,1956, H.1-2,S.34-47) 15

Oehler,D.: Liegt beim gutgläubigen Erwerb vom Nichtberechtigten ein Vermögensschaden im Rahmen des Betruges vor? (GAStr., 1956,H.6,S.161-164)

Panse,F.: Die psychologische Problematik desStrafvollzugs im Hinblick auf den Besserungsgedanken. (MschrKrim.,1956, H.1-2,S.5-17)

Pentz,A.: Die Bedeutung der Jugendgerichtshilfe. (RdJ,1956, H.12,S.187-188)

Potrykus: Weitere Zweifelsfragen nach dem Jugendgerichtsgesetz 1953. (NJW,1956,H.18,S.654-658)

Schlotheim,H.-H. Freiherr von: Nochmals: Weisungen und Grundgesetz. Zugleich ein Beitrag zur Erziehungsgewalt des Jugendrichters. (Teil 2). (RdJ,1956,H.7,S.100-101)

Schneider,E.: Das eigenständige Verbrechen - ein überflüssiger Begriff. (NJW,1956,H.19,S.702-703)

Schneider,W.: Zur Strafbarkeit der Fundunterschlagung. (MDR, 1956,H.6,S.337-338)

Schnitzerling,M.: Der Jugendarrest des § 11 II JGG. (JZ,1956, H.9,S.274-275)

Schröder,H.: Die Freiwilligkeit des Rucktritts vom Versuch. (MDR,1956,H.6,S.321-324)

Schröder,H.: Rechtswidrigkeit und Irrtum bei Zueignungs- und Bereicherungsabsicht. (DRiZ,1956,H.4,S.69-72)

Schulz,G.: Zur Strafbarkeit von unsittlichen Anzeigen. (ZV u.ZV,1956,H.9,S.263-266)

Seipp,P.: Ein neues Urteil zur Frage derAufsichtspflicht und die Lehren, die daraus gezogen werden müssen. (RdJ,1956,H.12, S.177-179)

Spendel,G.: § 51 Abs. 2 StGB und das Problem der Strafzumessung.(NJW,1956,H.21,S.775-777)

ZurAuslegung der Bestimmungen über die Staatsgefährdung. (DRiZ,1956,H.6,S.133-134)

Die Themen des VII. Internationalen Strafrechtskongresses vom 30.9. bis 6.10. in Athen. (ZStr.,1956,H.1,S.177-178)

Stratenwerth,G.: Prinzipien der Rechtfertigung. (ZStr.,1956, H.1,S.41-70)

Tröndle,H.: Zur Frage der Teilnahme an unvorsätzlicher Haupttat. (GAStr.,1956,H.5,S.129-154)

Welzel,H.: Die finale Handlungslehre und die fahrlässigen Handlungen. (JZ,1956,H.10/11,S.136-137)

Welzel,H.: Der Verbotsirrtum im Nebenstrafrecht. (JZ,1956, H.8,S.238-241)

Werner,W.: Die ersten sieben Bände derEntscheidungen des Bundesgerichtshofs zum Strafverfahrensrecht. (DRiZ,1956,H.4, S.73-76; H.5,S.102-105)

6. Kriminalistik, gerichtliche Medizin

Riemenschneider,H.: Einleitung einer Alkoholentziehungsbehandlung während des Strafvollzugs? (MschrKrim,1956,H.1-2,S.24-34) 5

7. Gerichtsverfassung (einschließlich Notariat und Anwaltschaft)

Brangsch,H.: Ein Ministerium für alle Gerichtszweige. (DRiZ, 1956,H.6,S.130-131)

Heinrich,R.: Zur Gestaltung der Ehrengerichte der Rechtsanwaltskammern in der künftigen Bundesrechtsanwaltschaftsordnung. (JZ,1956,H.10/11,S.318-319)

BGH erzwingt Lösung des Hilfsrichterproblems. (DRiZ,1956,H.7, S.156)

Holzweg: Zur Frage einer einheitlichen Verwaltung der Gerichte aller Gerichtszweige. (DRiZ,1956,H.4,S.79-80) 3

Huber,W.:Nochmals: Prozeßvertretung durch Verbände. (NJW,1956, H.21,S.780-781)

Janetzke,G.: Der Pensenschlüssel. (DRiZ,1956,H.5,S.105-107)

Kleinhoff: Der Rechtsweg für die vermögensrechtlichen Ansprüche aus dem Dienstverhältnis der Richter. (DRiZ,1956,H.5, S.96-100) 3

Knobloch,E.: Die Zulässigkeit des ordentlichen Rechtsweges beim Zusammentreffen öffentlich-rechtlicher und bürgerlichrechtlicher Ansprüche. (Sgb.,1956,H.4,S.118-120)

Kohlhaas: Äußere oder innere Unabhängigkeit der Richter. (DRiZ,1956,H.4,S.82-83)

Küchenhoff,G.: Das System der Sachbearbeiter in der Gerichtsbarkeit. (DÖV,1956,H.10,S.289-292)

Regierungserklärungen zur Einheit der Rechtspflege. (Rationalisierung). (DRiZ,1956,H.6,S.131-132) 3

Auf dem Wege zur Einheit der rechtsprechenden Gewalt. (DRiZ, 1956,H.6,S.117-118) 3

Einheitliches Rechtsprechungsministerium. (DRiZ,1956,H.5, S.108)

Jeder Richter in seiner Person Prüfer der rechtsprechenden Gewalt. (DRiZ,1956,H.6,S.132) 3

Übersicht über die Richterbesoldung. (DRiZ,1956,H.6,S.137)

Die Richterbesoldung muß im Richtergesetz geregelt werden. (DRiZ,1956,H.6,S.137)

Entschließung der juristischen Fakultäten zum Entwurf des Richtergesetzes. (JZ,1956,H.8,S.260-261) 3

Zum Richterrat. (DRiZ,1956,H.6,S.132) 3

Richterrecht und Landesbeamtengesetz in Schleswig-Holstein. (DRiZ,1956,H.7,S.157) 3

Zweiter Niedersächsicher Richtertag in Hannover. (DRiZ,1956, H.6,S.136-137)

Ruscheweyh: Werk und Persönlichkeit des Richters. (DRiZ, 1956,H.5,S.93-95) 3

Seidel: Grundsätzliche Gedanken über eine Große Justizreform. (DRiZ,1956,H.7,S.141-145)

Stellung und Bedeutung der Staatsanwaltschaft. (DRiZ,1956, H.6,S.132-133) 3, 5

Thieme,W.: Die Zuständigkeit staatlicher Gerichte zur Entscheidung von Streitigkeiten zwischen den Kirchen und ihren Mitgliedern. (AöR,1956,Bd.80,H.4,S.423-447)

Warda ,G.: Kann ein Beamter gegen seinen Willen in eine Richterstelle "versetzt" werden? (DRiZ,1956,H.5,S.107) 3

Wehrdisziplinargerichte. (DRiZ,1956,H.4,S.84) 3

Bundesdienstgerichte und Wehrstrafgerichte. (DRiZ,1956,H.4, S.83-84) 3

8. Freiwillige Gerichtsbarkeit

Keidel,Th.: Aus der Rechtsprechung zur Freiwilligen Gerichtsbarkeit. (JZ,1956,H.13,S.400-406)

Kiesel,O.-R.: Gibt es eine Untätigkeitsbeschwerde im Rahmen des Verfahrens der Freiwilligen Gerichtsbarkeit? (ZZP,1956, Bd.69,H.1,S.3-19)

Müller,W.: Abwesenheits-, Nachlaßpflegschaft und Pflegschaft für unbekannte Beteiligte. (NJW,1956,H.18,S.652-654)

9. Zivilrecht, Zivilprozeß

Bohn,K.: Die Zulässigkeit des vereinbarten Vollstreckungsausschusses. (ZZP,1956,Bd.69,H.1,S.20-27)

Bosch,F.W.;W.J.Habscheid: Nochmals: Vertragspflicht und Gewissenskonflikt. (JZ,1956,H.10/11,S.297-303)

Brauer,H.: Materiellrechtliche Einreden des Beklagten im Gutachten und Urteil. (NJW,1956,H.20,S.740-741)

Dempewolf,G.: Zur Konkurrenz von verlängertem Eigentumsvorbehalt undGlobalzession. (NJW,1956,H.23,S.851-853)

Dittus,W.: Briefpfandrechte in der Enteignung nach dem Baulandbeschaffungsgesetz. (NJW,1956,H.17,S.609-613) 3

Dunz,W.: Der unzulässige Ausforschungsbeweis. Versuch einer Klärung. (NJW,1956,H.21,S.769-773)

Eigentumsvorbehalt an Gebäudeteilen. (DWW,1956,H.6,S.130-131)

Glaser: Beleihung des Wohnungseigentums. (DWW,1956,H.5,S.114-115)

Glaser: Einschränkung von Räumungsschutz für Landarbeiterwohnungen. (B,1956,H.12,S.276)

Gruner,E.: Die Probleme des Teilzahlungskredits. (TW,1955,H.1,S.4)

Hartmann,K.D.: Ansprüche des Käufers auf Verwendungsersatz bei Ausübung eines gesetzlichen Vorkaufsrechts. (NJW,1956,H.24,S.899-900)

Heckenbach: Flurbereinigung und Pacht. (RdL,1956,H.5,S.121-124) 3

Holtgrave,W.: Vollstreckungsschutz für Geschäftsraummieter. (B,1956,H.15,S.345-346)

Janssen,F.: Entschädigungsansprüche Dritter bei Impfschäden? NJW,1956,H.21,S.778-780)

Jessen,U.: Kann der Antrag auf Einholung eines Blutgruppengutachtens oder eines erbbiologischen Gutachtens im Unterhaltsprozeß des unehelichen Kindes als Ausforschung zurückgewiesen werden? (MDR,1956,H.5,S.263-265) 11

Knöpfel,G.: Billigkeit und Schmerzensgeld. (AcP,1956,Bd.155,H.2,S.135-137)

Koebel: Billigkeitshaftung von Kindern und Jugendlichen. (NJW,1956,H.27,S.969-972)

Kunkel: Zweck und Bedeutung des neugeschaffenen § 31 b MSchGes. (DWW,1956,H.3,S.55-57)

Lent,E.: Tatsächliche Grundlagen der Revisionsprüfung. (NJW,1956,H.22,S.818-819)

Lewald,P.: Nochmals: Rückerstattung des Baukostenzuschusses bei vorzeitiger Beendigung des Mietverhältnisses. (MDR,1956,H.6,S.328-332)

Lipschitz: Zum Entwurf eines Gesetzes zur Änderung der Pfändungsfreigrenze. (DRiZ,1956,H.7,S.150-151)

Müller,H.: Ausschluß von Mieterhöhungen bei Werkförderungsverträgen. (NJW,1956,H.24,S.898-899)

Obermann: Der öffentliche Glaube des Grundbuchs und die Arten der Grundpfandrechte unter Berücksichtigung ihrer Besonderheiten. (RLA,1956,H.12,S.177-181)

Röhl; Kauf bricht Mieterschutz. Verlust des Mieterschutzes bei Wechsel des Hauseigentümers? (ZMR,1956,H.5,S.150-153)

Röhl;H.: Prozeßfähigkeit Geisteskranker. (JZ,1956,H.10/11, S.309-313)

Rölle,H.: Kann in einem Schiedsvertrag für den Fall der Nichternennung eines Schiedsrichters durch den Berechtigten der Übergang des Ernennungsrechts auf die Gegenpartei bestimmt werden? (MDR,1956,H.5,S.261-263)

Rössler: Die Bewertung des Wohnungs- und Teileigentums. (DWW, 1956,H.6,S.132-134)

Roquette,H.: Instandhaltung und Instandsetzung der Mieträume. (NJW,1956,H.21,S.773-774)

Roskosch,H.A.: Zur Frage der rechtlichen Zulässigkeit des Mithörens von Telefongesprächen oder ihrerAufnahme auf Tonband. (B,1956,H.20,S.470-471)

Rüstow,A.: H.Rall, DieEigentumsmaßnahmen des werksgeförderten Wohnungsbaues, Köln,1956,131 S. (Rez.). (AG,1956,H.11, S.399-402) 13

Schopp,H.: Das Anerkenntnis im Wechselprozeß. (ZZP,1956,Bd.69, H.1,S.1-3) 10

Schuler: Die Verpfändung von GmbH-Anteilen.(NJW,1956,H.19, S.689-693) 10

Schulte: Vollstreckungsschutz in Wohnungssachen. (DWW,1956, H.3,S.54-55)

Serick,R.: Rückerstattungsrechtliche Probleme bei juristischen Personen. (NJW,1956,H.24,S.895-898)

Steffen,W.: Zur Fassung des Grundurteils in Haftpflichtprozessen. (NJW,1956,H.23,S.859)

Stehle: Vollstreckungsgericht contra Prozeßgericht bei Wohnungszwangsräumungen. (NJW,1956,H.17,S.618-620)

Wachendorf: Beschaffung und Verwertung des "Masselandes" im Flurbereinigungsverfahren. (RdL,1956,H.6,S.151-154) 3

Wahl,E.: Die Erhöhung des Ehegatten-Erbrechts um ein Viertel als Zugewinn-Ausgleich bei Auflösung der Ehe durch den Tod. (FamRZ,1956,H.5,S.133-135) 11

Wangemann,R.: Zur Bedeutung des § 5 AbzG für den Zuweisungsantrag gem. § 825 ZPO. (NJW,1956,H.20,S.732-734)

Weimar,W.: Der Vertragsschluß Minderjähriger mit Taschengeld. (RdJ,1956,H.10,S.149-150)

Wendt,H.: Eigentumsvorbehalt bei Finanzierungen. (MDR,1956, H.6,S.336-337)

Werner: Klagewege zur Geltendmachung des Mietzuschlages nach dem 1. Bundesmietengesetz. (NJW,1956,H.17,S.617-618)

Wiethaup,H.: Entschädigungszahlungen bei der Kündigung von Kleingärten. (RdL,1956,H.5,S.133-135)

Zum Zweiten Wohnungsbaugesetz.(AG,1956,H.11,S.378-380)

Zeuner,A.: Wiederholung der Kündigung und Rechtskraft im Kündigungsschutzstreit. Zum Verhältnis von Rechtskraft und neuen Tatsachen im Zivilprozeß. (MDR,1956,H.5,S.257-261) 13

Zimmermann,H.: Die Anordnung nach § 8 Abs. II KindGG eine Maßnahme der Zwangsvollstreckung? (FamRZ,1956,H.5,S.139-140) 3

Zunft: Tritt bei § 7 KO relative oder absolute Unwirksamkeit ein? (NJW,1956,H.20,S.735-736)

10. Handelsrecht, Wertpapierrecht, Urheber- u. Erfinderrecht

Ballerstedt,K.: Kartellverbot und Einzelvertrag. (JZ,1956, H.9,S.267-271)

Böhm,F.: Verstößt ein gesetzliches Kartellverbot gegen das Grundgesetz? (WuW,1956,H.3,S.173-187) 2

Böshagen,F.: Gutachten der Industrie- und Handelskammern über das Bestehen von Handelsbräuchen. (NJW,1956,H.19,S.695-697)

Czapski,G.: Die Entwicklung der Kartellgesetzgebung in den Niederlanden. (WuW,1956,H.4,S.290-300)

Dittmar,R.: Die Aktionärsminderheit und der Aufsichtsrat. (Mitbest.,1956,H.6,S.164-167)

Ewald,H.: Sind Einkaufsgenossenschaften Kartelle? (WuW,1956, H.4,S.253-261)

Fritze,U.: Zur Haftung des Kommanditisten für Gesellschaftsschulden. (NJW,1956,H.27,S.976-977)

Gamm,O.-F.Frhr.von: Mängelhaftung im Filmrecht. (GRUR, 1956,H.6,S.258-260)

Ganssmüller: Fehlerhafte Abänderungen von Gesellschaftsverträgen. (NJW,1956,H.19,S.698-699)

Glaser,H.: Vergütungsfragen des Handelsvertreterrechts. (B,1956,H.13,S.287-299)

Gleiss,A.: Atomenergie- und Kartellrecht in den Vereinigten Staaten und der Bundesrepublik Deutschland. (NJW,1956,H.22, S.819-821)

Handelsvertreter und Hausmakler. (Mitbest.,1955,H.2,S.36-39)

Heidecker,H.: Das Bezugsrecht bei nießbrauchsbelasteten Aktien. (NJW,1956,H.24,S.892-895)

Heining,A.: Die Rechtsstellung des Prokuristen in der GmbH. (B,1956,H.24,S.565-566)

Junckerstorff,K.: Über die Preisdiskriminierung im amerikanischen Recht. (WRP,1956,H.6,S.159-161)

Kreifels,M.: Verfahrensvorschriften im Entwurf des Gesetzes gegen Wettbewerbsbeschränkungen. (NJW,1956,H.25,S.936-939)

Kunze,O.: Mangelnde gesetzliche Befähigung zum Aufsichtsrat in der Aktiengesellschaft. (RdA,1956,H.4,S.125-128)

Miosga,W.: Das neue Gebrauchsmusterrecht der Deutschen Demokratischen Republik. (WPR,1956,H.4,S.96-98)

Nastelski,K.: Die Rechtsprechung des Bundesgerichtshofs zum Firmenschutz. (WuW,1956,H.3,S.188-199)

Neflin,H.: Der Auslandsvertreter nach dem Handelsvertretergesetz. (B,1956,H.25,S.589-590)

Peters,H.: Ein Jahr deutsche Kartellaufsicht. (B,1956,H.23, S.541-544)

Reimann,G.: Wettbewerbsregeln der Verbände und ihre rechtlichen Grenzen. (WRP,1956,H.6,S.149-157)

Riechert: Die Firma der GmbH & Co. (B,1956,H.21,S.493-496)

Schramm,C.: Zulässigkeit und Unzulässigkeit von Nachahmungen. (WuW,1956,H.3,S.199-210)

Schröder,G.: Unkostentragung nach Handelsvertreterrecht. (B, 1956,H.18,S.417-419; H.19, S.441-442)

Thomä,K.E.: Die Verfahrensvorschriften des Kartellgesetzentwurfes. (WuW,1956,H.6,S.393-406)

Vallenthin: Die Beschlußfähigkeit des unvollständigen Aufsichtsrats. (RdA,1956,H.4,S.144-145)

Zempelin,H.G.: Fragen der Aufsichtsratshaftung. (AcP,1956,Bd. 155,H.3,S.209-244)

11. Familienrecht

Asmussen,H.: Eheschließung und Trauung nach Theologie und staatlichem Gesetz. (FamRZ,1956,H.5,S.141-142)

Firsching,K.: "Das eheliche Kind" in der Rechtsprechung der letzten Jahre. (FamRZ,1956,H.5,S.136-139)

Lipschitz,K.G.: Zur Berechnung und Einziehung von Forderungen zugunsten von Gläubigern im Gebiet der DM-Ost. (RdJ,1956, H.11,S.172-173) 13

Meyer,K.: Reformpläne im britischen Eherecht. (FamRZ,1956, H.5,S.143-144)

Nieden,M. zur: Genügen die Änderungen des Adoptivrechts? (RdJ, 1956,H.10,S.147-148)

Schwab,K.H.: Die neueste Rechtsprechung des Bundesgerichtshofs zur Abstammungsklage. (NJW,1956,H.18,S.649-652)

12. Internationales Privatrecht

Bülow,A.: Zur Revision des Genfer Abkommens über die Vollstreckung ausländischer Schiedssprüche. (RiW,1956,H.2,S.37-42) 2

Finger,H.-J.: Die neuen internationalen Eisenbahnverkehrsübereinkommen (CIM und CIV). (NJW,1956,H.19,S.693-695)

Kränzlein,A.; H.Schwenk: Nochmals: Scheidung amerikanischer Ehen durch deutsche Gerichte. (NJW,1956,H.18,S.660) 11

13. Arbeitsrecht (einschließlich Verfahren)

Jahrestagung der Arbeitsgemeinschaft für betriebliche Alters-Versorgung. (AG,1956,H.11,S.385-386)

Apel,G.: Anhörung des Betriebsrats vor Kündigungen. (Mitbest., 1955,H.3,S.78-83)

Amtsdauer der Arbeitnehmervertreter im Aufsichtsrat der unter das BetrVg fallenden Unternehmen. (Mitbest.,1956,H.3, S.88-90)

Arbeitslohn und Produktivität. (Mitbest.,1955,H.4,S.95-103)

Auerbach,W.: Die Bundesregierung enttäuscht bei der Rentenreform. (Soz.Sicherh.,1956,H.6,S.161-166) 3

Bachmann,H.: Die Lohnordnung gemäß den tatsächlichen Verhältnissen. (RdA,1956,H.4,S.121-122)

Becker,J.: Reform des Jugendarbeitsschutzrechts (Betrachtungen zu den vorgesehenen Bestimmungen über die Arbeitszeit der Jugendlichen)(RdA,1956,H.5,S.181-184)

Einberufung von Belegschaftsversammlungen durch den Arbeitgeber. (Mitbest.,1955,H.4,S.113-114)

Berger: Die Rechtsnatur der Allgemeinverbindlicherklärung. (BB,1956,H.16,S.533-535) 3

Die Aufgaben des Betriebsausschusses. (Mitbest.,1955,H.4, S.117-118)

Betriebsjugendvertretung. (Mitbest.,1956,H.3,S.91-92)

Mitbestimmung des Betriebsrates bei Einstellungen. (Mitbest., 1955,H.1,S.16-20)

Können bei der Betriebsratswahl Bewerber von der Vorschlagsliste zurücktreten? (Mitbest.,1955,H.2,S.46-48)

Arbeitgeber und Betriebsratswahlen. (Mitbest.,1955,H.4,S.111-113)

Wer darf an Betriebsversammlungen teilnehmen? (Mitbest.,1956, H.2,S.53-55)

Bierfelder,W.: Soziale Sicherung und die Kaufkraft des Geldes. (ASP,1956,H.4,S.112-116)

Blechschmidt,E.: Einen Schritt weiter. Zum Referentenentwurf eines Gesetzes zum Schutz der arbeitenden Jugend. (Mitbest., 1955,H.5,S.147-148)

Blume,H.: Der Sieben-Stunden-Tag für Lehrlinge? (RdJ,1956,H.9, S.134-136)

Damköhler,H.M.: Die Treuepflicht der Arbeitnehmervertreter im Aufsichtsrat. (Mitbest.,1956,H.3,S.81-88)

Dauhs,J.: Sozialreform aus dem Blickfeld der Leistungsempfänger. (Z.Soz.ref.,1956,H.2,S.45-46)

Dersch: Arbeitnehmerhaftung bei gefahrbehafteter Arbeit. (BB, 1956,H.15,S.501-503)

Diller,A.: Inhalt und Durchführung des Kindergeldgesetzes. (Mitbest.,1955,H.1,S.20-22)

Dittmar,R.: Betriebsvereinbarungen und Gewinnbeteiligungen. (Mitbest.,1956,H.2,S.58-60)

Ehrhardt,M.: Der DAG-Plan zur Angestelltenversicherung. (Z. Soz.ref.,1956,H.4,S.113-115)

Enz,R.: Die Offizialmaxime im sozialgerichtlichen Verfahren. (Sgb.,1956,H.4,S.115-118)

Erdmann,E.-G.: Das Jugendarbeitsschutzrecht im ausländischen Recht. (RdA,1956,H.5,S.176-181)

Erlebach,K.: Zum Jugendarbeitsschutzgesetz. (Wissen und Tat, 1956,H.3,S.71-77)

Ersatzmitgliedschaft und Stellvertretung. (Mitbest.,1955,H.6, S.182-185)

Estenfeld,O.: Die Altersversicherung der selbständigen Handwerksmeister. (Z.Soz.ref.,1956,H.2,S.40-42)

Frey,E.: Der Abkehrwille beim Kündigungsschutz. (ArbuR,1956, H.4,S.101-103)

Frey,E.: Zum Recht der Pause. (ArbuR,1956,H.6,S.183-184)

Friede; Das Bundesversicherungsamtsgesetz. (SGb.,1956,H.6, S.182-184) 3

Görner,W.: Der Bestandsschutz des Arbeitsverhältnisse nach dem Mutterschutzgesetz im Falle einerAussperrung. (B,1956, H.16,S.378)

Göttel: Die Gerichte für Arbeitssachen im Jahre 1955. (RdA,1956, H.6,S.221-223)

Grote,K.: Zur Problematik der Reform des Systems der sozialen Leistungen. (Z.Soz.ref.,1956,H.3,S.80-83; H.4,S.115-117; H.6, S.187-188)

Günther,H.: Die besondere (gesetzliche) Verwirkung der Feiertagsvergütung. (ArbuR,1956,H.5,S.144-146)

Guizetti,M.: Zur Frage der Haftung eines Arbeitnehmervertreters im Aufsichtsrat bei Streikbeteiligung. (ArbuR,1956, H.5,S.132-137)

Guse,K.: Das Schlichtungswesen nach Beispielen in Westeuropa und in den USA. (AG,1956,H.10,S.357-361)

Herschel,W.: Entwicklungstendenzen des Arbeitsrechts. (RdA, 1956,H.5,S.161-168) 1

Hessel; Streik und Arbeitsverhältnis. (BB,1956,H.18,S.598-599)

Hessel,Ph.: Weltanschauung des Arbeitgebers und Kündigungsschutz im Arbeitsverhältnis. (BB,1956,H.12,S.406-407)

Hueck,A.: Probleme des Streikrechts. (RdA,1956,H.6,S.201-206)

Hueck,G.: Die Rechtsprechung zur Gleichbehandlung im Arbeits-Recht. (B,1956,H.15,S.352-354;H.16,S.377-378)

Hunn,F.: Werkswohnung und Mieterschutz. (ArbuR,1956,H.4, S.103-107) 2

Jaerisch; Zum Betriebsverfassungsrecht (BAG-Rechtsprechung). (ASP,1956,H.4,S.123-124)

Jantz,K.: Reform der Rentenversicherung. (RdA,1956,H.6,S.223-225)

Jungfleisch,A.: Die Sozialversicherung des Saargebietes. (Z.Soz.ref.,1956,H.3,S.76-80; H.4,S.108-111)

Katz,E.R.: Das Recht des Arbeitnehmers am Arbeitsplatz. Eine internationale Übersicht. (RdA,1956,H.5,S.169-176)

Klein,J.: Zur Heranbildung des Nachwuchses in derWirtschaft - Die Problematik einer allgemeingültigen fortschrittlichen Aus- und Fortbildungsgestaltung. (RdJ,1956,H.9,S.131-132)

Klingelhöfer,H.: Neuwahlen (der Betriebsräte). (Mitbest., 1955,H.1,S.1-4)

Köst,E.: Ausgewählte Fragen des Urlaubsrechtes. (BB,1956,H.17, S.564-567)

Kossow,W.: Praktische Vorschläge für die Sozialreform auf dem Gebiete der Krankenversicherung. (Z.Soz.ref.,1956,H.4,S.111-113)

Kummer,K.: Die Entwicklung des Arbeitsrechts in Österreich seit 1945. (RdA,1956,H.4,S.134-136)

Liefmann-Keil,E.: Zur Neugestaltung der Altersrenten. (Z.Soz. ref.,1956,H.4,S.101-105) 2

Liefmann-Keil,E.: Die Rentenreform in sozial- und wirtschaftspolitischer Sicht. (Gew.Mon.H.,1956,H.5,S.274-281)

Starke Beschleunigung der Lohnbewegungen. (AG,1956,H.9,S. 302-304)

Maurer,K.: Das Direktionsrecht des Arbeitgebers. (ArbuR,1956, H.5,S.137-144)

Mavridis,V.: Der Schutzgedanke als Grundlage des Arbeitsrechts. (ArbuR,1956,H.6,S.161-164)

Meissinger,H.: Pauschalvergütungen im Arbeitsrecht. (B,1956, H.19,S.448-450)

Mitbestimmung dritter Akt (Holding-Novelle). (AG,1956,H.12, S.411-412) 10

Möller: Neue Rechtsgrundsätze zum Streik. Eine bedeutsame Entscheidung des Großen Senats des Bundesarbeitsgerichts. (ZV u. ZV,1956,H.1 (Beil.)

Monjau,H.: Ausdehung der täglichen Arbeitszeit über 10 Stunden. (RdA,1956,H.4,S.122-125)

Müller,G.: Der Gedanke des sozialen Staates in der bisherigen Rechtsprechung des Bundesarbeitsgerichts. (B,.956,H.22,S.524-527; H.23, S.549-551) 1

Müller,J.: Kinder und Waisen in der gesetzlichen Rentenversicherung. (Zbl.JugR.,1956,H.3,S.74-78)

Nikisch,A.: Die sogenannte Effektivklausel bei tariflichen Lohnerhöhungen. (BB,1956,H.14,S.468-471)

Odendahl,W.: Der Entgeltbegriff in der Sozialversicherung. (B,1956,H.17,S.400-401)

Oethold,E.-A.: Kann in einer Ausgleichsquittung auf den Kündigungsschutz verzichtet werden? (B,1956,H.21,S.501-502)

Personalvertretungsgesetz endgültig verabschiedet. (Mitbest., 1955,H.4,S.122-125)

Zuständigkeitsstreit aus dem Personalvertretungsgesetz - Arbeitsgerichte oder Verwaltungsgerichte? (Mitbest.,1955,H.3, S.85-90)

Piper,F.: Brauchen wir noch öffentliche Arbeitsvermittlung? (Mtl.freiheitl.Wipol.,1956,H.4,S.209-211) 3

Prasse,H.: Zur Abgrenzung von Handwerks- und Industriebetrieb im Tarifrecht. (ArbuR,1956,H.5,S.146-150)

Rehhahn,H.: Akkordpreis, Akkordverdienst und Tariflohnerhöhung. (ArbuR,1956,H.6,S.171-176)

Der "Grundentwurf für eine Neuregelung des Rechts der Rentenversicherung der Arbeiter und der Angestellten". (ASP,1956, H.6,S.187-188) 3

Reuss,W.: Die arbeitsrechtliche Sonderstellung von "Tendenzbetrieben". (RdA,1956,H.6,S.210-212)

Röder,R.: Kinderarbeit in den USA und der Bundesrepublik Deutschland. (ASP,1956,H.5,S.153-155)

Ruf,Th.: Ist "umfassende Sozialreform" ein Schlagwort der Bundesregierung? (ASP,1956,H.4,S.101-102)

Savaète,E.: Dienst- und Arbeitsverhältnisse im Konkurs des Arbeitgebers. (ArbuR,1956,H.6,S.164-171) 2

Schewe,D.: Der Gesetzentwurf der sozialdemokratischen Partei zur Rentenversicherung. (Soz.Sicherh.,1956,H.6,S.166-170)

Das betriebliche Schlichtungswesen nach § 50 BetrVG. (Mitbest., 1955,H.5,S.141-146)

Schmidt,K.: Genießen Betriebsratsmitglieder, Wahlkandidaten und Wahlvorstandsmitglieder einen besonderen Kündigungsschutz? (Mitbest.,1955,H.3,S.83-84)

Schneider,H.: Gewissensfreiheit und Kündigungsschutz. (ArbuR, 1956,H.4,S.97-101)

Schregle,J.: Ausländische Arbeitsgesetzgebung. (RdA,1956,H.4, S.148-149; H.5,S.193-194; H.6,S.228-229)

Schulte: Entstehung und Beendigung von Pensionsverpflichtungen auf Grund von Einzel- und Kollektivverträgen. (B,1956,H.14, S.328-330)

Schulze,F.A.: Der Wegeunfall. (B,1956,H.20,S.477-479)

Von der Zusammenarbeit der Sozialpartner. (AG,1956,H.10,S. 347-348)

Die Zusammenarbeit der Sozialpartner in anderen Ländern. (RdA,1956,H.6,S.225-227)

Sozialpolitik, Sozialreform, Wirtschafts- und Gesellschaftsordnung. (ASP,1956,H.6,S.168-171) 3

Spaethen,R.: DAG zur 40-Stunden-Woche. (Mitbest.,1955,H.2,S. 33-36)

Speyer-Heidelberg,U.: Rentenkürzungen als Enteignung? (Z.Soz. ref.,1956,H.6,S.180-183) 3

Spiegelhalter,F.: Zur Problematik internationaler Arbeitszeitvergleiche. (AG,1956,H.11,S.394-398)

Stein,R.: Zur Zuständigkeit von Einigungsstelle und Arbeitsgericht. (Mitbest.,1956,H.2,S.55-56)

Stemme,H.: Nochmals: 40-Stunden-Woche und Berufsausbildung. (RdJ,1956,H.9,S.133-134)

Storch,A.: Der Grundentwurf eines Alters- und Invaliditätssicherungsgesetzes. (Z.Soz.ref.,1956,H.3,S.96)

Thümmel,H.: Der Begriff des Tendenzbetriebes nach der neuesten Entscheidung des Bundesarbeitsgerichts. (ZV u. ZV,1956, H.1,Beil.)

Tilka, B.: Lohnverzicht aus steuerlichen Gründen. (ArbuR,1956, H.5,S.151-152)

Tönshoff,G.: Hausarbeitstagsabgeltung - Resterfüllung oder Surrogat? (B,1956,H.18,S.424-426)

Trieschmann,G.: Gedanken um ein neues Seemannsgesetz. (RdA, 1956,H.4,S.128-134)

Trieschmann,G.: Urlaubsanspruch bei Teilbeschäftigung. (BB, 1956,H.11,S.372-375)

Völz,G.: Das Rechtsverhältnis des Volontärs und des Praktikanten. (RdJ,1956,H.9,S.129-131)

Volmer,B.: Das Monopolprinzip und das Leistungsprinzip im Arbeitnehmererfindungsrecht.(RdA,1956,H.6,S.212-215) 10, 3

Wagner; Das Beschwerdeverfahren nach dem Sozialgerichtsgesetz. (NJW,1956,H.24,S.901-902)

Wahlvorschläge und Vorschlagslisten. (Mitbest.,1955,H.6,S.177-182)

Wedel,J.: Möglichkeiten des Garantierten Jahreslohnes. Überlegungen an Hand des amerikanischen Beispiels. (Gew.Mon.H., 1956,H.5,S.287-293) 1

Wipol: Die effektive Arbeitszeit der Angestellten (Mitbest., 1955,H.6,S.159-164)

Durchsetzbarkeit der Auskunftserteilung an den Wirtschaftsausschuß. (Mitbest.,1955,H.2,S.52-54)

Wünnenberg: Die Berücksichtigung sozialer Gesichtspunkte bei der betriebsbedingten Kündigung. (B,1956,H.27,S.645-647;H.28, S.665-667)

14. Juristische Ausbildungs- und Prüfungsfragen

Gegen eine Spaltung der juristischen Ausbildung. (DRiZ,1956, H.4,S.85)

Lipschitz, K.-G.: Zur Referendarausbildung im Recht der Mobiliarzwangsvollstreckung. (JZ,1956,H.8,S.246-247)

Lüttger,H.: DieAusbildung der Referendare im Strafrecht. (GAStr.,1956,H.6,S.164-181)

Schneider,E.: Rechtsstudium und Logik. (NJW,1956,H.23,S.861-862)

15. Sonstiges

Hippel,F.von: Hans Otto de Boor gestorben. (JZ,1956,H.12, S.380-381)

Mezger,E.: Ernst Selig gestorben. (MschrKrim.,1956,H.1-2,S.1-4)

Unterholzner,W.: Internationaler Richterkongreß in München. (JZ,1956,H.10/11, S.346-347)

C. 7.(17.) VERZEICHNIS DER NEUERWERBUNGEN DER BIBLIOTHEK DES DEUTSCHEN INSTITUTS FÜR RECHTSWISSENSCHAFT[1]

1.ALLGEMEINES

1.Allgemeine und bibliographische Nachschlagewerke,Wörterbücher, Buch- und Bibliothekswesen

Dal',V.:(Wörterbuch der großrussischen Sprache,russ.:)Tolkovyj slovar' zivogo velikorusskogo jazyka. Moskau 1955. 555 S. III Eb 337

Evangelisches Soziallexikon.Im Auftrag des Deutschen Evangelischen Kirchentages hrsg. von F.Karrenberg. Stuttgart 1954. 1175 S. II Ea 13909

Bibliographie des deutschsprachigen Schrifttums der Jahre 1945-1950 auf den Gebieten der Jugendpflege und Jugendfürsorge.Hrsg. vom Deutschen Jugendarchiv München e.V. Folge 1-3.München 1951-1954. 3 Bde II Eb 349

Köst,E.: Juristisches Wörterbuch.Bremen 1955. 672 S. II Ea 14043

Radin,M.: Radin Law Dictionary.New York 1955.408 S. V Ea 14129

Studienkatalog der Rechtswisserschaft 1955. Hrsg.von Elwert u.Meurer. Berlin 1955. 48 S. II Ea 14233

Taschenbuch der Weltorganisationen.Ausg.1955.Zsgest.,komm., hrsg.von W.Grosse.3.,völlig neue,erw.Ausg.(bisher "ABC der Weltorganisationen").München 1955. 272 S. II Ea 13807

2.Biographien

Kudrjavcev,B.B.:(M.W.Lomonossow,russ.:)M.V.Lomonosov.Moskau 1955. 124 S. III Ea 15107

North,J.: William Z.Foster. Eine Würdigung des amerikanischen Arbeiterführers anlässlich seines 75.Geburtstages.(Aus dem Engl.übers.) Berlin 1956. 52 S. I Ea 14144

Pritzkoleit,K.: Die neuen Herren.Die Mächtigen in Staat und Wirtschaft.München,Wien,Basel 1955. 576 S. V Ea 13970

1) Die hier angezeigte Literatur ist gemäss der Benutzungsordnung der Bibliothek des Deutschen Instituts für Rechtswissenschaft für die Mitglieder des Deutschen Instituts für Rechtswissenschaft, Ministerien und zentrale Institutionen der Deutschen Demokratischen Republik und nach der Leihverkehrsordnung der Bibliotheken ausleihfähig.-Verzeichnis 1-10 ist enthalten im Mitteilungsblatt des Deutschen Instituts für Rechtswissenschaft 1953,Nr 1 - 1955,Nr 3.

Wohlhaupter,E.: Dichterjuristen.Bd 1.2. Tübingen 1955.Bd 1: 563 S. Bd 2: 523 S. II Ea 13792

3.Marxismus-Leninismus (allgemein)

Der 2o.Parteitag der KPdSU und die Aufgaben der Erforschung der Parteigeschichte.(Aus dem Russ.übers.) Berlin 1956.23 S. I Ea 14184

Lenin,V.I.:Die Agrarfrage in Russland am Ende des 19.Jahrhunderts.(Aus dem Russ.übers.) Moskau 1955. 1oo S. III Ea 15144

Lenin,V.I.:(Der Zusammenbruch der 2.Internationale,russ.:) Krach 2.Internacionala.Moskau 1955. 6o S. III Ea 13945

Mao Tse-Tung: On Coalition Government.Peking 1955. 118 S. IV Ea 15184

Mao Tse-Tung: Einleitung zur Zeitschrift "Der Kommunist". Peking 1953. 25 S. IV Ea 15o72

Mao Tse-Tung: Our Study and the current situation.Appendix:Resolution on some questions in the history of our party. Peking 1955. 116 S. IV Ea 15183

Petrov,S.:(Der erste Parteitag der RSDRP,russ.:) Pervyj s'-ezd RSDRP. Moskau 1955. 54 S. III Ea 15112

Šepilov,D.T.:(Die Ideen Lenins erleuchten den Weg zum Kommunismus,russ.:)Idei Lenina ozarjajut put' k kommunizmu. Moskau 1955. 22 S. III Ea 151o2

Šiškin,A.:(Die Grundlagen der kommunistischen Moral,russ.:)Osnovy kommunističeskoi morali.Moskau 1955. 317 S. III Ea 15o92

4.Philosophie.Wissenschaft von der Gesellschaft.Wissenschaft im allgemeinen

Blaha,O.: Logische Wirklichkeitsstruktur und personaler Seinsgrund.Zur Ontologie der Universalien,Sachverhalte und Seinsschichten.Graz,Wien,München 1955. 91 S. V Ea 14121

Bollnow,O.F.: Deutsche Existensphilosophie. Bern 1953. 4o S. V Ea 14o39

Capelle,W.:Geschichte der Philosophie.Bd 3:Die griechische Philosophie.T.3: Vom Tode Platons bis zur Alten Stoa.Berlin 1954. 128 S. II Ea 14o29

Über die Kategorien des dialektischen Materialismus.Berlin 1956. 11o S. I Ea 14183

Didro,D.:(Ausgewählte atheistische Werke,russ.:)Izbrannye ateističeskie proizvedenija.Moskau 1956. 477 S. III Ea 14o57

Diogenes Laertius: Leben und Meinungen berühmter Philosophen. (Aus dem Griech.übers.) Bd 1.2. Berlin 1956. Bd 1: 366 S. Bd 2:354 S. I Ea 139o5

Grabmann,M.:Die Geschichte der scholastischen Methode.Bd 1.2. Berlin 1956. Bd 1.2. Bd 1: 354 S. Bd 2: 586 S. I Ea 13885

Jan Chin-Šun:(Aus der Geschichte der chinesischen Philosophie, russ.:) Iz istorii kitaiskoj filosofii.Moskau 1956. 38 S. III Ea 15104

Jessin,I.M.:Die materialistische Philosophie Ludwig Feuerbachs. (Aus dem Russ.übers.) Berlin 1956. 41 S. I Ea 14188

Kardos,T.:(Der Humanismus in Ungarn,ungar.:) A magyarországi humanizmus kora.Budapest 1955. 462 S. IV Ea 14004

Link,E.:Das Subsidiaritätsprinzip. Sein Wesen und seine Bedeutung für die Sozialethik. Freiburg 1955. 121 S. II Ea 14133

(Fragen der marxistisch-leninistischen Philosophie,russ.:) Voprosy marksistsko-leninskoj filosofii.Minsk 1955. 294 S. III Ea 13944

Mokre,J.: Unsere Gesellschaft im Wandel der Zeiten.Wien 1955. 92 S. V Ea 13897

Pap,A.:Analytische Erkenntnistheorie.Kritische Übersicht über die neueste Entwicklung in USA und England. Wien 1955. 242 S. V Ea 13875

Über den Zusammenhang zwischen Philosophie und Politik. (Aus dem Russ.übers.) Berlin 1956. 58 S. I Ea 14177

The Organisation of applied research in Europe.Proceedings of the conference held at Nancy 11th - 13th oct.1954.Paris 1955. 258 S. V Ea 14138

Thyssen,J.: Der philosophische Relativismus.3.,durch e.Vorwort erg.Aufl. Bonn 1955. 183 S. II Ea 14132

Uells,G.:(Der Pragmatismus - eine Philosophie des Imperialismus,russ.:) Pragmatizm - filosofija imperializma.Moskau 1955. 269 S. III Ea 13942

5.Politische Ökonomie

Bljamin,I.T.:(Das reaktionäre Wesen der modernen bürgerlichen politischen Ökonomie der USA,russ.:)Očerki sovremennoj buržuaznoj političeskoj ekonomii SŠA. Moskau 1956. 277 S. III Ea 13923

Heß,P.:Die Lehre von der sozialistischen Reproduktion.Eine kurze Einführung. Leipzig,Jena 1956. 42 S. I Ea 14069

Kohlmey,G.:Die Übergangsperiode vom Kapitalismus zum Sozialismus.Berlin 1956. 43 S. I Ea 13403

Tjulpanow,S.I.: Entstehung und Entwicklung des sozialistischen Weltwirtschaftssystems.(Aus dem Russ.übers.)Berlin 1956.35 S. I Ea 14189

II. RECHTSWISSENSCHAFT

1. Gesetzesmaterialien und Dokumente (auch Verfassungen und Kurzkommentare

Documents of American history. Ed. by H.S. Commager. 5th ed. New York 1949. 759 S. V Ea 14111

Besoldungsgesetz in der für Bundesbeamte geltenden Fassung mit Besoldungsvorschriften und weiteren besoldungsrechtlichen Bestimmungen, Textausg. mit Anm. u. Sachverzeichnis. Von H. Rahner. München, Berlin 1955. 222 S. II Ea 13873

Bidziński,Z.; K.Sosnowski: (Devisengesetze, 2. erg. Ausg., poln.:) Ustawodawstwo dewizowe. Wyd. 2. uzupelnione. Warschau 1956, 319 S. IV Ea 15120

Brandweiner,H.: Die Pariser Verträge. In deutscher, englischer und französischer Sprache. Berlin 1956. 965 S. I Ea 14150

Bundesbeamtengesetze. Bundesbeamtengesetz, Bundesdisziplinarordnung, Gesetz zu Art. 131 des Grundgesetzes mit Durchführungs- und Nebenbestimmungen. Textausg. [Nebst] Erg.-Bd., Stand 15. Sept. 1955. München, Berlin 1955. 502, 244 S. II Ea 14107

Davidovič,A.M.; M.A.Šafir: (Die Verfassung der UdSSR. Skizzen und Tafeln, russ.:) Konstitucija SSSR. Al'bom schem i tablic. Moskau 1955. 97 S. III Ea 13934

Akten zur Deutschen Auswärtigen Politik 1918-1945. Aus dem Archiv des Deutschen Auswärtigen Amtes. Serie D. Bd. 1-5. 1937-1945. Baden-Baden 1950-1953. 5 Bde. II Eb 344

Das Erbschaftssteuergesetz mit Ausführungsbestimmungen unter Berücksichtigung der bisher ergangenen Änderungen und Ergänzungen. Stand vom 1.April 1956. 2., überarb.Aufl.Berlin 1956. 94 S. I Ea 13903

(Das Familiengesetzbuch. Einf.-Bestimmungen. Das Gesetz über das nichtstreitige Verfahren in Familiensachen sowie aus dem Gebiet der Pflegschaft, Stand vom 1. Mai 1955, poln.:) Kodeks rodzinny. Przepisy wprowadzające. Ustawa o postępowaniu nieспорnym w sprawach rodzinnych oraz z zakresu kurateli. Według stanu na dzień 1 maja 1955 roku. Warschau 1955. 37 S. IV Ea 12819

Freiwilligengesetz mit Nebengesetzen. Entwurf Soldatengesetz. Entwurf Eignungsübungsgesetz. Textsammlung mit Erl., Hinweisen u. amtl. Begründungen. Hrsg. v. E.Brandstetter. Köln, Berlin 1955. 159 S. II Ea 14244

Documents on German foreign policy. 1918-1945. Ser.D.Vol.8: The war years. Sept. 4,1939 march 18, 1940. London 1954. 974 S. V Ea 14127

Gesetz über die Jugendwohlfahrtsbehörden vom 10. Nov. 1954 (GBl.S.191) - Ausf.-Ges.d.Landes Hessen zum Reichsgesetz f. Jugendwohlfahrt idF. vom 28. Aug. 1953 - (BGBl. I, S. 1035) mit Erl. u. Anm. - Gesetz zum Schutze d. Jugend in d.Öffentlichkeit vom 4.Dez.1951 (BGBl.I,S.936) mit Durchführungsvorschriften f.d.Land Hessen. Bearb.von O.Englert. Mainz, Wiesbaden 1955. 140 S. II Ea 13858

Kindergeldgesetz und Kindergeldergänzungsgesetz. Von L.Käss. Frankfurt/M. 1956. 100 S. II Ea 14035

Erläuterungen zur Konfliktkommissionsverordnung. Verordnung über d. Bildung von Kommissionen zur Beseitigung von Arbeitsstreitfällen (Konfliktkommissionen) in d. volkseigenen u. ihnen gleichgestellten Betrieben u. in den Verwaltungen vom 30. April 1953. In Gemeinschaftsarbeit: R.Kranke u.a. 4.überarb.u.erg.Aufl. Berlin 1956. 127 S. I Ea 14058

Kruse, H.:Das Staatsangehörigkeitsrecht der arabischen Staaten. Frankfurt/M. 1955. 118 S. II Ea 14131

Lohnsteuerrecht. Erl.v.H.Berié u. U.Hentrich. Berlin, Frankfurt/M. 1955. 384 S. II Ea 13982

Menzel,E.; F.Groh; H.Hecker: Verfassungsregister. 2.Teil: Europa Frankfurt/M. 1956. 168 S. II Eb 212

Das Mieterschutzgesetz mit den Nebengesetzen und den länderrechtlichen Sonderbestimmungen nebst Nachtr.nach d.Stand vom 1.Juni 1954. Erl.Textausg.mit Einf.von A.Dahm. Stuttgart, Köln 1954. 140, 20 S. II Ea 14036

(Prozeßordnung für das Nichtstreitverfahren, poln.:) Kodeks postępowania niespornego. Warschau 1956. 322 S.IV Ea 15126

Pachtkreditgesetz mit Durchführungs- und Nebenbestimmungen. Komm.von S.Sichtermann. Berlin 1954. 103 S. II Ea 13987

Penner,L.; L. Winawer: (Die Amnestie. Text des Gesetzes vom 27. April 1956 über die Amnestie nebst Erläuterungen, poln.:) Amnestia. Tekst ustawy z dnia 27 kwietnia 1956 roku o amnestia wraz z objaśnieniami. Warschau 1956. 82 S. IV Ea 15187

Das Schmutz- und Schundgesetz. Gesetz über die Bekämpfung unzüchtiger Veröffentlichungen und den Schutz der Jugend gegen sittliche Gefährdung vom 31. März 1950 Erl.von Erhart Graz, Wien, Köln 1955. 99 S. V Ea 13976

Strafgesetzbuch der Russischen Sozialistischen Föderativen Sowjet-Republik vom 22.Nov.1926, in der am 1.Jan.1952 gültigen Fassung mit Nebengesetzen und Materialien. Übers. von W.Gallas. Berlin 1953. 104 S. II Ea 13992

Strafgesetzbuch und andere Strafgesetze. Erw.Textausg.mit Anm.u.Sachreg.Hrsg. vom Ministerium der Justiz der DDR. 4.überarb.Aufl. Berlin 1955. 430 S. I Ea 14151

Strandungsordnung vom 17.Mai 1874.Komm.2.verm.u.neubearb. Aufl.Von H.Ewald.Hamburg,Berlin,Bonn 1955. 175 S.
II Ea 13867

Tomforde-Diefenbach-Webler: Das Recht des unehelichen Kindes und seiner Mutter im In- und Ausland.Lfg 1-4.Köln 1953.
II Ea 14030

(Wechsel- und Scheckrecht.Allgemeine Bestimmungen.Stand vom 1.Jan.1956,poln.:)Prawo wekslowe i czekowe.Przepisy szczególne.Według stanu na dzien 1.1.1956.Warschau 1956. 115 S.
IV Ea 15127

(Zivilrecht.Vorschriftensammlung,poln.:)Prawo cywilne. Zbior przepisów.Warschau 1956. 381 S. IV Ea 15125

2.Theorie des Staates und des Rechts

Abramjan,L.:(S.Spandarjan - ein Verfechter und Propagandist des proletarischen Internationalismus,russ.:)S.Spandarjan - pobornik i propagandist proletarskogo internacionalizma. Moskau 1955. 90 S. III Ea 15098

Bellofiore,L.:(Die Lehre vom Naturrecht bei G.B.Vico,ital.:) La Dottrina del diritto naturale in G.B.Vico.Mailand 1954.
V Ea 14042

Bowers,C.G.:Making democracy a reality.Jefferson,Jackson and Polk.Memphis 1954. 170 S. V Ea 14023

Česnokov,D.:(Was ist der Staat,russ.:)Čto takoe gosudarstvo. Moskau 1955. 95 S. II Ea 13919

Ellwein,Th.: Klerikalismus in der deutschen Politik.München 1955. 305 S. II Ea 14081

Hessler,C.A.:(Staat und Religion in Schwedens Glanzzeit, schwed.:)Stat och religion i upplysningstidens Sverige.Uppsala 1956. 242 S. V Ea 15174

Heuss,Th.:Gewerkschaftliche Verantwortung im Rahmen der Demokratie. Köln 1954. 4 Bl. II Eb 97

Huber,H.:Recht,Staat und Gesellschaft.Bern 1954. 46 S.
V Ea 14227

Kirche und Recht.Ein vom Rat der Evangelischen Kirche in Deutschland veranlasstes Gespräch über die christliche Begründung des Rechts. Göttingen 1950. 52 S. II Ea 14054

Manser,G.M.: Das Naturrecht in thomistischer Beleuchtung. Freiburg/Schweiz 1944. 149 S. Ea 12449

Massen,Partei und ihre Führer im Kampf für den Kommunismus. (Aus dem Russ.übers.) Berlin 1956. 31 S. I Ea 14166

Miranda,J.:(Die politischen Anschauungen und Institutionen Mexikos,T.1,span.:)Las Ideas y las instituciones politicas mexicanas.T.: 1521-1820. Mexiko 1952. 368 S. V Ea 15190

Mosca,G.: Histoire des doctrines politiques depuis l'antiquité. Les doctrines politiques depuis 1914. Paris 1955. 426 S.
V Ea 14100

Nelson,L.:
Die Rechtswissenschaft ohne Recht. Kritische Betrachtungen über die Grundlagen des Staats- und Völkerrechts insbesondere über die Lehre von der Souveränität. 2. Aufl. Göttingen, Hamburg 1949. 221 S. II Ea 13986

Reibstein,E.: Johannes Althusius als Fortsetzer der Schule von Salamanca. Untersuchungen zur Ideengeschichte des Rechtsstaates und zur altprotestantischen Naturrechtslehre. Karlsruhe 1955. 240 S. II Ea 14139

Sarfatti,M.: (Einführung in das Studium der Rechtsvergleichung, span.:) Introduccion al estudio del derecho comparado. Mexiko 1945. 227 S. V Ea 15192

Schmitt,M.E.: Recht und Vernunft. Ein Beitrag zur Diskussion über die Rationalität des Naturrechts. Stuttgart 1955. 135 S.
II Ea 14231

Sobolew,A.: Die welthistorische Bedeutung des sozialistischen Lagers. (Aus d.Russ.übers.). Berlin 1956. 38 S. I Ea 13995

Ministerstvo vysšego obrazowanija SSSR. Saratovskij juridičeskij institut im. D.J. Kurskogo. (Wissenschaftliche Konferenz. Thesen der Referate, russ.:) Naučnaja konferencija. Tezisy dokladov. Saratov 1955. 89 S. III Ea 7843

3. Geschichte des Staates und des Rechtes

Aidit,D.An.: Entstehung und Entwicklung der Kommunistischen Partei Indonesiens <1920 bis 1955>, Berlin 1956. 40 S.
I Ea 14178

Douglass,E.P.: Rebels and democrats. The struggle for equal political rights and majority rule during the American revolution. New York 1955. 368 S. V Ea 14114

Erkes,E.: Geschichte Chinas von den Anfängen bis zum Eindringen des ausländischen Kapitals. Berlin 1956. 155 S.
I Ea 13891

(Abriss der Geschichte der UdSSR. Die Periode des Feudalismus, 17.Jh.,russ.:) Očerki istorii SSSR. Period feodalizma 17 veka. Pod red. A.A. Novesel'skogo. Moskau 1955 1032 S.
III Eb 86

(Studium zur Geschichte der Volksrepublik Ungarn, ungar.:) Tanulmányok a népi demokráciak Förtenetéböl. Budapest 1956. 336 S. IV Ea 14003

Gregor von Tours: Zehn Bücher Geschichten. Band 1: Buch 1-5. Auf Grund der Übersetzung W.Giesebrechts neubearb. von R.Buchner. Berlin 1956. 381 S. I Ea 14006

Haselmayr,F.: Von russischer Freundschaft zum russischen Groll <1841-1878> München 1955. 188 S. II Ea 14110

Hertwig,M.:Über die Rolle der Volksmassen und der Persönlichkeit in der Geschichte.Berlin 1956. 36 S. I Ea 14179

Heussi,K.:Abriss der Kirchengeschichte.4.umgearb.Aufl.Weimar 1956. 2o4 S. I Ea 14oo8

Hippel,E.von:Der Rechtsgedanke in der Geschichte.Düsseldorf 1955. 72 S. II Ea 14124

Kabanov,P.:(Die Arbeiter- und Gewerkschaftsbewegung in Moskau in den Jahren 19o5-19o7,russ.:)Rabočee i profsojuznoe dviženie v Moskve v 19o5-19o7 gg.Moskau 1955. 4o S. III Ea 12449

Lebedev,V.I.:(Der Bauernkrieg unter der Fuhrung Stepan Rasins,russ.:)Krest'janskaja voina pod predvoditel'stvom Stepana Razina.Moskau 1955. 182 S. III Ea 15o74

Lübtow,U.:Das römische Volk.Sein Staat und sein Recht. Frankfurt/M. 1955. 716 S. II Ea 13977

Markova,R.:(Der vierte <Vereinigungs->Parteitag der RSDRP, russ.:) Četvertyi <ob-edinitel'nyj>s-ezd RSDRP.Moskau 1955. 93 S. II Ea 15111

Matthias,E.:Die deutsche Sozialdemokratie und der Osten 1914-1945. Eine Übersicht. Tübingen 1954. 128 S. II Ea 14o19

Molok,A.J.:(Die Pariser Kommune im Jahre 1871 und ihre internationale Bedeutung,russ.:)Parižskaja Kommuna 1871 goda i ee meždunarodnoe značenie.Moskau 1956. 39 S. III Ea 12979

Nečkina,M.V.:(Die Dekabristenbewegung,T.1.2,russ.:)Dviženie dekabristov.T.1.2.Moskau 1955.T.1: 48o S.,T.2:5o4 S. II Eb 736

Institut Filosofii Akademii Nauk SSSR.(Die ukrainischen revolutionären Demokraten,russ.:)Ukrainskie revoljucionnye demokraty.Moskau 1954. 3o2 S. III Ea 151o6

Rössler,H.:Grösse und Tragik des christlichen Europa.Europäische Gestalten und Kräfte der deutschen Geschichte vom Spätmittelalter bis zur Gegenwart.Frankfurt/M.1955. 796 S. II Ea 141o9

Rostocki,W.:(Die Macht der Oberbefehlshaber im Novemberaufstand,poln.:)Władza wodzow naczelnych w powstaniu listopadowym.Wroc aw 1955.243 S. IV Ea 13437

Institut Marksa-Engel'sa-Lenina-Stalina pri CK KPSS.(Der dritte Kongress der RSDRP.Sammlung von Dokumenten und Materialien,russ.:)Tretij s-ezd RSDRP.Sbornik dokumentov i materialov.Moskau 1955. 72o S. III Ea 13o49

Sidorov,M.:(Die bolschewistische Zeitung "Der Proletarier" 19o6-19o9,russ.:)Bol'ševistskaja gazeta "Proletarij" 19o6-19o9 gg.Moskau 1956. 93 S. III Ea 13o16

4. Völkerrecht, Aussenpolitik

Briggs, H.W.: The Law of nations. Cases, documents and notes. 2. ed. New York 1952. 1108 S. V Ea 14112

Burckhardt,H.: Grundlagen einer europäischen Kohlenwirtschaftspolitik. Köln 1955. 5 Bl. II Eb 97

Cram, K.G.: Judicium belli. Zum Rechtscharakter des Krieges im deutschen Mittelalter. Köln 1955. 231 S. II Ea 14080

Cvylëv,R.I.: (Die Vereinigung der Kohlen- und Stahlkönige Europas. <Der Schumanplan>, russ.:) Ob'edinenie ugol'nych i stal'nych korolej zapadnoj Evropy <Plan Šumana>. Moskau 1956. 140 S. III Ea 14095

Deborin,G.A.: (Die Leninsche Politik der friedlichen Koexistenz zweier Systeme - die Generallinie der Außenpolitik der UdSSR, russ.:) Leninskaja politika mirnogo sosuščestvovanija dvuch sistem general'naja linija vnešnej politiki SSSR. Moskau 1956. 31 S. III Ea 15140

Decker,G.: Das Selbstbestimmungsrecht der Nationen. Göttingen 1955. 435 S. II Ea 14050

Drion,H.: Limitation of liabilities in international air law. 'S-Gravenhage 1954.389 S. Leiden, Jur.Fak.Diss. v.19. Okt.1954. V Ea 15206

Akademija nauk SSSR. (Internationale Beziehungen im Fernen Osten 1840-1949, 2. Aufl., russ.:) Meždunarodnye otnošenija na dal'nem vostoke 1840 1949. 2. izd. Moskau 1956. 783 S. III Ea 14096

(Studien zum internationalen Recht, Bd.1, tschech.:) Studie z mezinárodního práva. T.1. Prag 1955. 197 S. IV Ea 13913

(Grundriß des internationalen öffentlichen Rechts, poln.:) Zarys prawa miedzynarodowego publicznego. Pod red. M.Muszkat. T.2. Warschau 1956. T.2: 504 S. 1956. IV Ea 12817

Kelsen,H.: The Law of the United Nations. A critical analysis of its fundamental problems. London 1951. 994 S. V Eb 350

Polska Akademia Nauk. (Das Problem der Kollektiven Sicherheit in Europa, poln.:) Zagadnienie bezpieczenstwa zbiorowego w Europie. Warschau 1955. 455 S. IV Ea 13938

Le Goff,M.: Manuel de droit aérien droit public.. Paris 1954. 513 S. V Ea 14049

Lisovskij,V.I. (Völkerrecht, russ.:) Meždunarodnoe pravo. Moskau 1955. 476 S. III Ea 15063

Nichamin,V.P.: (Japanisch-amerikanische Widersprüche in der gegenwärtigen Etappe, russ.:) Japono-Amerikanskie protivorecija na sovremennom etape. Moskau 1956. 127 S.III Ea 14074

Riese,O.: Luftrecht. Das internationale Recht der zivilen Luftfahrt unter besonderer Berücksichtigung des schweizerischen Recht. Stuttgart 1949. 556 S. II Ea 13983

Schmid,C.: Was ist Aussenpolitik? Laupheim/Württ.1955. 23 S. II Ea 14136

Šragin,V.: (Der Weg zum Frieden in Europa, russ.:) Put' k miru v Evrope. Moskau 1956. 94 S. III Ea 14071

USA - Militärstützpunkte bedrohen den Frieden. Zsstellg.u. Red.K.H.Lezim, H.Schwabe. Berlin 1956. 87 S. I Ea 13996

Völkerrechtliche Forschung. Hrsg.v.G.Erler.Göttingen 1955. 102 S. II Ea 14242

Witthauer,K.: Von Peking bis Monrovia. Länder der Bandung-Konferenz. Leipzig, Jena 1956. 147 S. I Ea 14059

5. Staatsrecht

Anders,G.: Gesetz zur Regelung der Rechtsverhältnisse der unter Art. 131 des Grundgesetzes fallenden Personen. 3., neubearb. verm.Aufl. Stuttgart, Köln 1954. 907 S. II Ea 14098

Arlt,F.: Unternehmer zwischen Ost und West. Köln 1955. 4 Bl. II Eb 97

Arustamov,S.B.: (Die KPdSU - der Organisator der breiten Offensive des Sozialismus an der ganzen Front, russ.:) KPSS - organizator razvernutogo nastuplenija socializma po vsemu frontu. Moskau 1955. 146 S. III Ea 15077

Büchner-Uhder,W.: Die Untergrabung und Vernichtung der demokratischen Grundrechte in Westdeutschland. Berlin 1956. 31 S. I Ea 14007

Kapitalbeteiligungen der Bundesrepublik Deutschland. 2., erw.Aufl. Darmstadt 1955. XVIII S., 24 Bl. II Ea 14128

Building a new life. Stories about China's construction. Peking 1955. 163 S. IV Ea 15180

Deutscher Bundestag. 2. Wahlperiode 1953. Alphabetisches Verzeichnis der Mitglieder des Bundestages. Stand: 1.Okt. 1955. Bonn 1955. 55 S. II Ea 13980

Deutscher Bundestag. 2. Wahlperiode 1953. Alphabetisches Verzeichnis der Mitglieder des Bundestages nach Fraktionen. Stand: 1. Okt. 1955. Bonn 1955. 39 S. II Ea 13979

Durand,E.: Traité de droit public marocain. Paris 1955. 391 S. V Ea 14020

Durand, P.: La Politique contemporaine de sécurité sociale. Paris 1953. 643 S. V Ea 14137

(Frankreich und die Trusts,russ.:) Francija i tresty. (Aus dem Französ.übers.) Moskau 1955. 486 S. III Ea 13941

Frunse,M.W.: Zu Fragen der militärischen Erziehung (Aus d. Russ. übers.) Berlin 1956. 53 S. I Ea 14187

Gollan,J.: Das politische System Großbritanniens. (Aus dem Engl.übers.) Berlin 1956. 198 S. I Ea 13899

Gottwald,K.: (Über die Bauernfrage, tschech.:) O rolnické otázce. Prag 1956. 353 S. IV Ea13948

Grotewohl,O.: Diskussionsreden zum 3. Tagesordnungspunkt "Die Rolle der Arbeiter- und Bauernmacht in der Deutschen Demokratischen Republik". Referent: O.Grotewohl. Berlin 1956. 264 S. I Ea 14002

Jackson,R.H.: The Struggle for judicial supremacy. A study of a crisis in American power politics. New York 1949. 631 S. V Ea 13906

Kim,V.A.: (Der staatliche Aufbau der Volksrepublik Korea, russ.:) Gosudarstvennyj stroj Korejskoj Narodno-demokratičeskoj Respubliki. Moskau 1955. 202 S. III Ea 13921

Kinkul'kin,A.T.:(Das Studium der Sowjetverfassung vom Jahre 1936 im Lehrgang der Geschichte der UdSSR, russ.:) Izučenie sovetskoj Konstitucii 1936 g v kurse istorii SSSR. Moskau 1955. 31 S. III Ea 15101

Kirsanov,A.: (Der Kampf für ein einheitliches, unabhängiges, demokratisches und friedliebendes Deutschland, russ.:) Bor'ba za edinuju, nezavisimuja, demokratičeskujur mirolju-bivuju Germaniju. Moskau 1951. 118 S. III Ea 15095

Koellreutter,O.: Über Schuld und Aufgabe der geistigen Führungsschicht im deutschen politischen Leben der Gegenwart. Göttingen 1955. 39 S. II Ea 13910

Liermann,H.: Kirchen und Staat. Teilbd.2. München 1955. 358 S. II Ea 9984

Mommsen,Th.: Römisches Staatsrecht. Bd.1-3. Graz 1952. V Ea 14067

Myškov,V.N.: (Wirtschaft und Aussenhandel Ungarns,russ.:) Vengrija ekonomika i vnešnaja torgovlja. Moskau 1956. 158 S. III Ea 13924

Reisner,I.M.; R.T.Achramovič: (Unser Nachbar Afghanistan, russ.:) Naš soced Afghanistan. Moskau 1956. 47 S. III Ea 12980

Schorske,C.E.: German Social Democracy 1905 - 1917. The development of the great schism. Cambridge 1955. 358 S. V Ea 14113

Vom künftigen deutschen Soldaten. Gedanken und Planungen der Dienststelle Blank. Bonn 1955. 111 S. II Ea 13988

Akademija nauk SSSR. Institut filosofii.(Die sozialistischen Nationen der UdSSR, russ.:) Socialističeskie nacii SSSR. Moskau 1955. 303 S. III Ea 15076

Das Staatsnotrecht in Belgien, Frankreich, Großbritanien, Italien, den Niederlanden, der Schweiz und den Vereinigten Staaten von Amerika. Bearb.von H.Ballreich u.a. Köln, Berlin 1955. 268 S. II Ea 13874

Sultan,H.; W.Abendroth: Bürokratischer Verwaltungsstaat und soziale Demokratie. Beiträge zu Staatslehre und Staatsrecht der Bundesrepublik. Frankfurt/M.1955. 128 S. II Ea 13917

Ulbricht,W.: Diskussionsreden zum 1. Tagesordnungspunkt "Der 2. Fünfjahrplan und der Aufbau des Sozialismus in der Deutschen Demokratischen Republik". Referent: W.Ulbricht. Berlin 1956. 396 S. I Ea 14001

Ulbricht,W.: Die Rolle der Deutschen Demokratischen Republik im Kampf um ein friedliches und glückliches Leben des deutschen Volkes. Referat auf d.25.Tagg.d.ZK's d.SED am 24.Okt.1955. Berlin 1955. 77 S. I Ea 15143

Zverev,A.: (Der Staatsapparat muß vervollkommnet werden, russ.:) Soveršenstvovat' gosudarstvennyi apparat. Moskau 1955. 55 S. III Ea 15075

6. Verwaltungsrecht

Achinger,H.: Zur Neuordnung der sozialen Hilfe. Konzept für einen deutschen Sozialplan. Stuttgart 1954. 68 S. II Ea 14118

Braun,H.: Motive sozialer Hilfeleistungen. Ein Beitr. zur Entwicklung u.Kritik der sozialen Sicherung in Deutschland. Frankfurt/M. 1955. 165 S. II Ea 13741

Entscheidungen des Bundessozialgerichts. Hrsg.von seinen Richtern. Bd.1, H.1. 2. Köln, Berlin 1955. H.1: 64 S. H.2: S.65-128. II Ea 13799

Dapprich,G.: Leitfaden des Bergrechts und anderer für den Bergbau wichtiger Rechtsgebiete mit Gesetzestexten. 4.Aufl. Essen 1955. 311 A. II Ea 14119

Die Abnahme, Lagerung und der Absatz von Getreide, Speisehülsenfrüchten und Ölsaaten durch die VEAB. Hrsg.Regierung der DDR, Staatssekr f.Erfassung u.Aufkauf landwirtschaftlicher Erzeugnisse. Berlin 1956. 80 S. I Ea 15068

Kozlov,Ju.M.: (Kollegialität und Einzelleitung in der sowjetischen Staatsverwaltung, russ.:) Kollegial'nost i edinonačalie v sovetskom gosudarstvennom upravlenii. Moskau 1956. 65 S. III Ea 14072

Langrod,G.: La Science et l'enseignement de l'administration publique aux Etats-Unis. Paris 1954. 185 S. V Ea 14141

Oosterwijk,T.H.: (Der Bürgermeister, holländ.:) De Gemeente-Secretaris. Assen 1955.226 S. - Leiden, Jur.Fak.,Diss.vom 4.Mai 1955. V Ea 75201

Ringhofer,K.: Der Verwaltungsgerichtshof. Geltende Rechtsgrundlagen - Historische Entwicklung - Erläuterungen - Rechtsprechung. Graz, Wien, Köln 1955. 393 S. V Ea 14142

Sozialrecht. Rechtsprechung u.Schrifttum. Bearb.von den Richtern des Bundessozialgerichts. Köln, Berlin 1955. Loseblattausg. II Ea 13985

Neuordnung der sozialen Leistungen. Denkschrift auf Anregung des Herrn Bundeskanzlers erstattet von den Professoren H. Achinger, J.Höffner, H.Muthesius, L.Neundörfer. Mai 1955. Köln 1955. 136, 50 S. II Ea 14027

Die Zweite gemeinsame Verkehrssicherheitskonferenz.am 3.März 1955 in Bonn. Bielefeld 1955. 43 S. II Ea 13896

Wiesemeyer,K.; J.Distel: Grundriß des Bundesbeamtenrechts. Goslar 1955. 251 S. II Ea 14026

7. Finanz-, Steuer- und Preisrecht

Erfassungs- und Aufkaufpreise landwirtschaftlicher Erzeugnisse. VEAB-Abgabepreise. Zusammengest.v.e.Redaktionskollektiv d.Staatssekretariats f.Erfassung und Aufkauf landwirtschaftlicher Erzeugnisse. Berlin 1956. 134 S. I Ea 15069

Die Besteuerung der freischaffenden Intelligenz. (Stand vom 1.Jan.1956) Zsgest.u.überarb.von G.Voland. Berlin 1956. 141 S. I Ea 14009

Herrmann,Th.: Das Finanzamt als Organismus. Eine kritische Würdigung des Finanzamtes unter dem Gesichtspunkt seiner Eigengesetzlichkeit. Düsseldorf 1955. 180 S. II Ea 14123

Motov,S.; L.Šul'c: (Die Finanzplanung in den Sowchosen, russ.:) Finanzsovoe planirovanie v sovchozach. Moskau 1956. 147 S. III Ea 13925

Smechov,B.M.: (Die Planung der Investitionen,russ.:) Planirovanie kapital'nych rabot. Moskau 1955.142 S. III Ea 15094

Spengler,A.: Preisschleuderei, Preisdiskriminierung und Wettbewerbsregeln. Düsseldorf 1955. 35 S. II Ea 14126

Wysocki,S.: (Lohnsteuer. Auslegung, Gesetzestexte u. Tabellen, poln.:) Podatek od wynagrodzen. Wyklad, teksty i tabele. Warschau 1956. 227 S. IV Ea 15119

Niedersächsisches Amt für Landesplanung und Statistik, Hannover. Die Zahlungsschwierigkeiten in Niedersachsen in den Jahren 1949 bis 1954. Hannover 1955. 34 S. II Eb 348

8. Kolchosrecht, Bodenrecht, Landwirtschaftliche Produktionsgenossenschaften

Aksenenok,G.A.: (Das staatliche Eigentumsrecht am Boden in der UdSSR, russ.:) Pravo gosudarstvennoj sobstvennosti na zemlju v SSSR. Moskau 1950, 306 S. III Ea 15141

Hebda,A.L.; Nowakowski: (Die nachbarliche Hilfe im Dorfe, poln.:) Pomoc sasiedzka na wsi. Warschau 1956. 56 S. IV Ea 15186

Pavlov,I.V.: (Das Recht des persönlichen Eigentums am Kolchoshof, russ.:) Pravo ličnoj sobstvennosti kolchoznogo dvora. Moskau 1955. 61 S. III Ea 15056

Valiev,K.G.: (Die Arbeitsentlohnung der Traktorenbrigaden der MTS, russ.:) Oplata truda rabočich traktornych brigad MTS. Moskau 1955. 102 S. III Ea 15055

Vostrov,N.: (Das Agrarprogramm Lenins während der ersten russischen Revolution, russ.:) Leninskaja agrarnaja programma v pervoj russkoj revoljucii. Moskau 1955. 109 S. III Ea 13922

9. Strafrecht, Strafprozeß

Bewährungshilfe. Arbeitstagung für Bewährungshilfe 1955. Bonn 1955. Aus: Bewährungshilfe. 1956. Nr. 3, S.134-338. II Ea 13981

Borghese,S.: (Die Philosophie der Strafe, ital.:) La Filosofia della pena. Mailand 1952. 351 S. V Ea 14041

Cieślak,M.: (Probleme zur Beweisführung im Strafverfahren. T.1, poln.:) Zagadnienia dowodowe w procesie karnym. T.1. Warschau 1955. 415 S. IV Ea 13939

Flatau-Kowalska,A.:(Sicherungsmaßnahmen im Strafrecht,poln.:) Srodki zabezpieczające w prawie karnym. Warschau 1956. 393 S. IV Ea 15134

Gallas,W.: Zum gegenwärtigen Stand der Lehre vom Verbrechen. Berlin 1955. 47 S. Aus: Zeitschrift für die gesamte Strafrechtswissenschaft. Bd.67. 1955, S.1-47. II Ea 13989

Gercenzon,A.A.: (Die Strafrechtstheorie Jean Paul Marats, russ.:) Ugolovnopravovaja teorija Žana Polja Marata.Moskau 1956. 245 S. III Ea 14097

United Nations. Department of Economic andSocial Affairs. Bureau of Social Affairs. The Prevention of juvenile delinquency in selected European countries. o.O. 1955. 156 S. V Ea 14120

Köckritz,S.von: Die Bedeutung des Willens für den Verbrechensbegriff Carpzovs in der Practica Nova Imperialis Saxonica Rerum Criminalium. Bonn 1955. 123 S. Bonn, Jur. Fak.Diss.vom 13.Juli 1955. II Ea 15196

Die Kriminalität in Niedersachsen in den Jahren 1951 und 1952. Hannover 1955. 83 S. II Eb 343

Kurinow,B.A.: (Die strafrechtliche Verantwortlichkeit für Entwendung staatlichen und gesellschaftlichen Eigentums, poln.:) Odpowidzialnośc karna za zagarniecie mienia panstwowego i społecznego. Warschau 1956. 99 S. IV Ea 15132

Neumeyer,M.: Juvenile Delinquency in modern society. 2.ed. London 1955. 440 S. V Ea 14022

Petrenko,V.M.: (Die Gewährleistung des Rechts des Beschuldigten auf Verteidigung nach der sowjetischen Gesetzgebung, russ.:) Obespečenie prava obvinjaemogo na zaščitu po sovetskomu zakonodatel'stvu. Moskau 1955. 44 S. III Ea 15142

Rajkowski,R.: (Das Verwaltungsstrafrecht Volkspolens, poln.:) Prawo karno-administracyjne Polski Ludowej. Warschau 1955. 271 S. IV Ea 12278

(Rowdytum, Studie, poln.:) Chuligaństwo. Studia. Pod.red. J.Sawickiego. Warschau 1956. 199 S. IV Ea 15124

Stiller,G.; J.Grass: Das Strafverfahren in der Deutschen Demokratischen Republik und seine demokratischen Prinzipien. Berlin 1956. 55 S. I Ea 14082

Sutherland,E.H.; D.R.Cressey: Principles of criminology. 5th ed. Chicago,Philadelphia,New York 1955. 646 S.V Ea 14115

Vydrja,M.M.: (Beweisstücke im sowjetischen Strafprozeß,russ.:) Veščestvennye dokazatel'stva v sovetskom ugolovnom processe. Moskau 1955. 116 S. III Ea 14017

Wexley,J.: The Judgement of Julius and Ethel Rosenberg. New York 1955. 672 S. V Ea 14130

10. Kriminalistik, Gerichtliche Medizin

Mengering,B.: Das Wahrheitsserum. Analyse und Verhör im Dämmerungsschlaf. Lüneburg 1951. 95 S. II Ea 13815

Popov,V.I.: (Handbuch für praktische Übungen in der kriminalistischen Taktik, russ.:) Rukovodstvo k praktičeskim zanjatijam po kriminalističeskoj taktike. Moskau 1955. 155 S. III Ea 15060

Blutalkohol bei Verkehrsstraftaten. Gutachten d. Präsidenten d. Bundesgesundheitsamtes redigiert u. kommentiert von W.Borgmann.Bielefeld 1955. 64 S. II Ea 14117

11. Gerichtsverfassung (einschließlich Staatsanwaltschaft, Notariat, Anwaltschaft)

Boryczkowa,I.; I.Sokolowska: (Handbuch für den gerichtlichen Jugendpfleger, poln.:) Poradnik kuratora sadowego dla nieletnich. Warschau 1956. 82 S. IV Ea 15121

(Lehrprogramm für die sowjetische Gerichtsstatistik für juristische Hochschulen, russ.:) Programma po sovetskoj sudebnoi statistike dlja juridičeskich vysšich učebnych zavedanii. Moskau 1954. 11 S. III Ea 15080

Lunev,A.E.: (Gericht, Staatsanwaltschaft und staatliche Kontrolle in der Chinesischen Volksrepublik, russ.:) Sud, prokuratura i gosudarstvennyj kontrol' v Kitajskoj Narodnoj Respublike. Moskau 1956. 71 S. III Ea 15911

Mayers,L.: The American Legal System. The administration of justice in the United States by judicial, administrative, military and arbitral tribunals. New York 1955. 589 S. V Ea 14099

Mostar,G.H.: Richter sind auch Menschen. Behauptet und bewiesen. Heidenheim/Brenz 1955. 253 S. II Ea 14101

Sikorski,J.; E.Korytowski; T.Dorozała: (Notariatspraxis, poln.:) Praktyka notarialna. Warschau 1956. 330 S. IV Ea 15116

12. Freiwillige Gerichtsbarkeit

Keine Eingänge

13. Vertragssystem-Arbitrage

(Gerichtskosten im Arbitrageverfahren, poln.:) Koszty sadowe i w postępowaniu arbitrażowym. Warschau 1956. 91 S. IV Ea 15131

Szalupa,M.P.; J.A.Donde: (Die staatliche Arbitrage in der UdSSR, poln.:) Arbitraz państwowy w ZSRR. Warschau 1956. 85 S. IV Ea 15123

14. Zivilrecht - Zivilprozeß

Abs,H.J.: Der Schutz des Privateigentums als politischer Faktor. Köln 1955. 4 Bl. II Eb 97

Bachmann,H.: Miteigentum im Zwiespalt von Ideen und Interessen. München 1954. 30 S. II Ea 14232

Bezruk,N.A.: (Der Kommissionsvertrag nach dem sowjetischen Zivilrecht, russ.:) Dogovor komissii po sovestkomu graždanskomu pravu. Moskau 1955. 26 S. III Ea 15081

Chalfina,R.O.: (Die Bedeutung und das Wesen des Vertrages im sowjetischen Zivilrecht, poln.:) Znaczenie i istota umowy w radieckim prawie cywilnym. (Ausdem Russ.übers.) Warschau 1956. 231 S. IV Ea 15129

Debberstein,J.: Betrachtungen zur Währschaftsgesetzgebung beim Viehhandel. Stuttgart 1955. 48 S. II Ea 14122

Hoche,U.: Zwangsvollstreckungsrecht. Ein Lehrbuch für Studium und Praxis. 2.Aufl. Darmstadt 1955. 242 S. II Ea 14079

Mertens,P.: Leistung und Sparen als Grundlage der Eigentumsbildung. Köln 1955. 4 Bl. II Eb 97

(Vorlesungen über das Thema: Rechtsgeschäfte nach dem sowjetischen Zivilrecht, russ.:) Lekcii na temu sdelki po sovetskomu pravu. Moskau 1951. 46 S. III Ea 15084

Kjasoncev,V.A.: (Methodischer Brief über das sowjetische Zivilrecht, russ.:) Metodičeskoe pis'mo po sovetskomu graždanskomu pravu. Moskau 1953. 61 S. III Ea 15087

Samcova,A.N.: (Die Rechtsverhältnisse auf dem Gebiet des Kreditwesens und der Verrechnung nach dem sowjetischen Zivilrecht, russ.:) Kreditnye i rasčetnye pravootnošenija po sovetskomu graždanskomu prava. Moskau 1954. 89 S. III Ea 15079

Singer,E.: (Das Recht in der Außenhandelspraxis, tschech.:) Používání práva v zahraničním obchodě. Prag 1956. 188 S. IV Eb 342

Sorg,H.: Das Beschwerdeverfahren in Schuldbetreibungs- und Konkurssachen im Kanton Zürich. Winterthur 1954. 107 S. Zürich, Jur.Fak.,Diss. vom 28.Nov.1953. V Ea 12579

Švanc,Ch.I.: (Schadensersatzverpflichtungen, russ.:) Objazatel'stva iz pričinenija vreda. Moskau 1954. 39 S. III Ea 15100

Trachtenberg,I.A.: Das Geld- und Kreditwesen im Kapitalismus nach dem zweiten Weltkrieg. (Ausd.Russ.übers.) Berlin 1956. 199 S. I Ea 13900

Verdinkov,V.G.: (Der Gegenstand des sozialistischen sowjetischen Zivilrechtes russ.:) Predmet sovetskogo socialističeskogo graždanskogo prava. Moskau 1954. 47 S. III Ea 15088

Das Versicherungswesen in der Deutschen Demokratischen Republik. Red.: K.Heinzer. Berlin 1956. 227 S. I Ea 13887

Worret,F.: Bankpolitik als Machtfrage. Berlin 1955. 163 S. II Ea 13360

Zankovskaja,S.V.: (Die Personenversicherung nach dem sowjetischen Zivilrecht, russ.:) Ličnoe strachovanie po sovetskomu graždanskomu pravu. Moskau 1955. 37 S. III Ea 15086

(Lehrprogramm des sowjetischen Zivilrechts, russ.:) Programma po sovetskomu graždanskomu pravu. Moskau 1954. 23 S. III Ea 15082

(Aufgaben für Kontrollarbeiten über das sowjetische Zivilrecht, russ.:) Zadanija dlja kontroll'nych rabot po sovetskomu graždanskomu pravu. Moskau 1953. 19 S. III Ea 15085

15. Handelsrecht, Wertpapierrecht, Urheber-und Erfinderrecht

Curti, E.: Das Antitrustrecht der Vereinigten Staaten von Amerika. Zürich 1955. 126 S. V Ea 14052

Gordon, M.: (Das sowjetische Autorenrecht, russ.:) Sovetskoe avtorskoe pravo. Moskau 1955. 229 S. III Ea 14075

Gottschalk, H.: Gewinnbeteiligung nach Dividende. Die Pläne und ihre Anwendung. Darmstadt 1955. 96 S. II Ea 13915

Omel'čenko, A.I.: (Über einige Probleme des sowjetischen Urheberrechts, russ.:) O nekotorych voprosach sovetskogo izobretatel'skogo prava. Moskau 1955. 25 S. III Ea 14018

Reuschel, H.: Der organisierte Teilzahlungskredit. Seine volkswirtschaftliche Aufgabe-seine betriebswirtschaftlichen Probleme. Berlin 1953. 114 S. II Ea 14047

Rjasencev, V.A.: (Das sowjetische Erfinderrecht, russ.:) Sovetskoe izobretatel'skoe pravo. Moskau 1955. 58 S. III Ea 15083

Schulze, E.: Das Urheberrecht in der Musik und die deutsche Urheberrechtsgesellschaft. 2. erw. Aufl. Berlin 1956. 464 S. II Ea 13984

Sinner, V.R.M. von: Das Recht der Partnership in den Vereinigten Staaten von Amerika von schweizerischem Rechte aus betrachtet. Basel 1955. 121 S. V Ea 13864

16. Familienrecht

Fasching, W.: Das Verfahren zur Feststellung der ehelichen und unehelichen Abstammung. Wien 1955. 152 S. IV Ea 13978

Muckermann, H.: Die Familie im Lichte der Lebensgesetze. 2., neubearb. u. erw. Aufl. Bonn 1952. 179 S. II Ea 13971

Orlando, V.E.: (Probleme des Eherechts in der gegenwärtigen Rechtswissenschaft und die Reformentwürfe, ital.:) Problemi di diritto matrimoniale nella piu' recente giurisprudenza e nei progetti di riforma. Neapel 1955. 351 S. V Ea 13975

Piatowski, J.: (Die Eigentumsverhältnisse zwischen den Eheleuten, poln.:) Stosunki majatkowe miedzy malzonkami. Warschau 1955. 162 S. IV Ea 13935

Rengstorf, K.M.: Mann und Frau im Urchristentum. - Conrad, H.: Grundprobleme einer Reform des Familienrechts. Zu den familienrechtlichen Gesetzesentwürfen der Bundesrepublik. Köln, Opladen 1954. 93 S. II Ea 13869

Sverdlov, G.M.: (Die sowjetische Gesetzgebung über Ehe und Familie, russ.:) Sovetskoe zakonodatel'stvo o brake i seme. Moskau 1952. 98 S. III Ea 15137

Winiarz, J.: (Die Unterhaltspflicht, poln.:) Obowiązek alimentacyjny. Warschau 1956. 76 S. IV Ea 15122

Ziembinski,Z.:(Die gesetzlichen Grundlagen der Adoption eines Kindes in Volkspolen,poln.:)Podłoże społeczne przysposobienia dziecka w Polsce Ludowej. Warschau 1956. 213 S. IV Ea 15188

17.Internationales Privatrecht

Römer,G.: Gesetzesumgehung im deutschen internationalen Privatrecht. Berlin 1955. 182 S. II Ea 13928

18.Arbeitsrecht

Andreev,R.:(Für die Hebung der Arbeitsproduktivität,russ.:) Za novyšenie proizvoditel'nosti truda.Moskau 1955. 29 S. III Ea 15110

Arbeiter-Management-Mitbestimmung.Eine industriesoziologische Untersuchung der Struktur,der Organisation und des Verhaltens der Arbeiterbelegschaften in Werken der deutschen Eisen- und Stahlindustrie,für die das Mitbestimmungsgesetz gilt.Hrsg.von T.Pirker u.a. Stuttgart 1955. 686 S. II Ea 13973

Das Recht der Arbeitnehmer bei den Streitkräften <Ausländische Mächte>.Komm.Hrsg.von H.Pretzsch,A.Schalkhäuser u.F.Rechenberg.Hamburg 1955. 344 S. II Ea 14031

(Arbeitsrecht,poln.:)Prawo pracy.Pod red.J.Dabrowski.T.1-3. Warschau 1956. 4 Bde IV Ea 13947

Belikov,S.G.: Nutzung der Arbeit in den Kollektivwirtschaften. Beispiele f.d.Einsatz d.Arbeitskräfte u.d.rationelle Ausschöpfung d.Arbeitsreserven.(Aus dem Russ.übers.) Berlin 1956.100 S. I Ea 13628

Jahresversammlung der Gesellschaft für Sozialen Fortschritt e.V.Stuttgart-Bad Cannstatt 1955. Die betrieblichen Sozialleistungen.Vorträge u.Aussprache 14.April 1955.Berlin,München 1955. 63 S. II Ea 13868

Bibikov,J.;V.Mal'škin:(Entstehung und Tatigkeit der Gewerkschaften in Petersburg 1905-1907,russ.:)Vozniknovenie i dejatel'nost' profsojuzov Petersburga 1905-1907.Moskau 1955. 53 S. III Ea 14073

Brackmann,K.: Handbuch der Sozialversicherung.Eine systemat. Darst.4.Aufl.Bd 1.2.Bad Godesberg 1954.Loseblattausg. II Ea 14032

Briefs,G.: Das Gewerkschaftsproblem gestern und heute.Frankfurt/M.1955. 102 S. II Ea 13930

Cattepoel,D.:Der Betrieb als Grundlage einer neuen Sozialordnung.Köln 1954. 4 Bl. II Eb 97

Chamberlain,N.W.;J.Metzger;Schilling:The Impact of strikes. Their social and economic costs.New York 1954. 253 S. V Ea 14102

Euler,H.;H.Stevens:Die analytische Arbeitsbewertung als Hilfsmittel zur Bestimmung d.Arbeitsschwierigkeit.3.Aufl.Düsseldorf 1954. 87 S. II Eb 347

Gräff,S.:Vorsorge-und Heilbedürftigkeit<Krankheit>als Rechtsbegriffe der Sozialversicherung.Ein Vorschlag zur Neuordnung der RVO <BVO>.Berlin 1953. 69 S. II Ea 14o44

Heinrich,W.:Führungsaufgaben des Unternehmers.Köln 1955.4 Bl. II Eb 97

Hutt,A.:Die britische Gewerkschaftsbewegung.(Aus dem Engl. übers.) Berlin 1956. 157 S. I Ea 13635

Kaftanovskaja,A.M.;V.I.Nikitinskij:(Die Annahme zur Arbeit,Versetzung und Entlassung von Arbeitern und Angestellten,russ.:) Priem na rabotu,perevod i uvol'nenie rabočich i služaščich . Moskau 1955. 81 S. III Ea 13597

Karaveev,V.V.:(Die Unterstützungen bei zeitweiliger Invalidität, 5.Aufl.,russ.:) Posobija po vremennoj netrudosposobnosti.5.izd. Moskau 1956. 145 S. III Ea 14o56

Kassmann,F.:Arbeitnehmervertreter im Aufsichtsrat nach dem Betriebsverfassungsgesetz.Ein Probefall d.Sozialpartnerschaft. Hamm 1954. 27 S. II Ea 13932

Kaufmann,O.K.:Grundzüge des amerikanischen Arbeitsrechts.Bern 195o. 44 S. Aus: Zeitschrift des Bernischen Juristenvereins. 195o.H.4. V Ea 14o37

Krąkowski,L.: (Rechte und Pflichten des Arbeiters,poln.:)Prawa i obowiązki młodego robotnika.Warschau 1955.338 S. IV Ea 13936

Ramm,Th.:Die Anfechtung des Arbeitsvertrages.Zur Kritik u.Neubegründung d.Lehre vom Arbeitsverhältnis.Karlsruhe 1955. 83 S. II Ea 13791

Rohrbeck,W.;E.Rohrbein;C.Meyrich:Zum Problem der Realisierbarkeit der Vorschläge der Rothenfelser Denkschrift über "Die Neuordnung der sozialen Leistungen" Berlin 1955. 89 S. II Ea 13855

Siemens,H.von: Der Streik im Blickfeld eines Unternehmens.Köln 1954. 4 Bl. II Eb 97

Grundschulung der Funktionäre der revolutionären Gewerkschaftsbewegung.Aufgaben bei d.Organisierung u. Entfaltung d.sozialistischen Wettbewerbs.Prag 1954. 43 S. IV Ea 12973

Untersuchungen zur Reform des Unternehmensrechts.Bericht.Studienkommission d.41.Deutschen Juristentages.T.1.Berichte d. Ausschüsse 1 und 2.Tübingen 1955. 98 S. II Ea 13775

Zápotocký,A.:(Über den sozialistischen Wettbewerb und die Lohnpolitik,tschech.:) O socialistickém soutežení a mzdové politice. Prag 1956. 51o S. IV Ea 13949

19.Sammelwerke

Ascarelli,T.:(Studien des vergleichenden Rechts und der Interpretation,ital.:)Studi di diritto comparato e in tema di interpretazione.Mailand 1952. 335 S. V Ea 13974

Die Bourgeoisie - Die bürgerliche Presse -Das Kleinbürgertum. (Aus dem Russ.übers.)Berlin 1956. 59 S. I Ea 13478

Festschrift für Wilhelm Herschel.Beiträge zu Problemen des neuzeitlichen Arbeitsrechts.Stuttgart 1955.197 S. II Ea 14038

Deutsche Landesreferate zum 4.Internationalen Kongress für Rechtsvergleichung in Paris 1954.Hrsg.E.Wolff.Düsseldorf 1955. 399 S. II Ea 14140

Aequitas und bona fides.Festgabe zum 70.Geburtstag von August Simonius.Hrsg.von d.Jurist.Fak. d.Universität Basel. Basel 1955. 435 S. V Ea 14053

III.Sonstige Wissensgebiete

Geographie

Barbag,J.:Ökonomische und politische Geographie der Volksrepublik Polen. Berlin 1956. 36 S. I Ea 13570

Janout,C.: Die ökonomische und politische Geographie der Tschechoslowakei.Berlin 1956. 38 S. I Ea 14190

Geschichte

Neue polnische Geschichtswissenschaft.Aufsätze u.Studien. Berlin 1956. 176 S. I Ea 13640

Klimovič,L.I.:(Der Islam,sein Ursprung und sein soziales Wesen, russ.:)Islam,ego proizchoždenie i social'naja suščost! Moskau 1956. 39 S. III Ea 12982

Pirumova,N.:(Die Ansichten A.I.Herzens über die Geschichte, russ.:)Istoričeskie vzgljady A.I.Gercena.Moskau 1956.151 S. III Ea 13574

Kulturgeschichte

Chałasiński,J.:(Fragen der Kultur im Kapitalismus.Studien und Skizzen,poln.:)Z zagadnień kultury kapitalizmu.Lodz 1953.185 S. IV Eb 732

Mit den Augen des Westens.Meinungsäusserungen,Auszüge aus Berichten u.Reportagen über d.Leben in d.Sowjetunion.Berlin 1956. 109 S. I Ea 13997

Literatur

Brecht,B.:Kriegsfibel. Berlin 1956. 70 S. I Eb 327

Sartre,J.P.:Wider das Unrecht.(Aus dem Französ.übers.)Berlin 1955. 417 S. I Ea 13888

Wirtschaftswissenschaften

Droege,H.:Der Mensch als wirtschaftliches "Datum".Ein Beitr.zur Konjunkturforschung. Berlin 1952 72 S. II Ea 14045

Morus,R.L.:Die Grossen der Weltwirtschaft.[illegible] [illegible]lin 1955. 287 S. [illegible] 14108

IV.Sonstiges

Der Brief in die Kaserne.Nürnberg 1955. 16 S. II Ea 13859

Das Verlagswesen.Das Buch.Erg.durch 10 weitere Artikel.(Aus dem Russ.übers.) Berlin 1955. 78 S. I Fa 13501

D. ÜBERSETZUNGEN AUS DER ZEITSCHRIFT "SOVETSKOE GOSUDARSTVO I PRAVO" 1)

Aus der Zeitschrift "Sovetskoe gosudarstvo i pravo"(Sowjetstaat und Sowjetrecht),die im Deutschen Institut für Rechtswissenschaft laufend vollständig übersetzt wird, gingen in dieser Berichtszeit folgende Artikel ein:

Jg.1955,Heft 5 2)

Kuprina-Vysockaja,V.B.;E.V.Rebel'skaja (Kuprina-Wysozkaja,W.B.; E.W.Rebelskaja): [Rezension.] V.F.Kotok und N.J.Kupric: Die Verfassung der UdSSR. Ein Lehrbuch für Oberschullehrer. 8 S.

Jg.1955,H.7

Sus'ko,Ja.E. (Susko,J.E.): Das Buch über das Arbeitsrecht Jugoslawiens. [Rezension des Werkes von Nikola Tintić "Die Grundlagen des Arbeitsrechts. - Zagreb 1955.] 10 S.

Jg.1955,H.8

Šafir,M.A.(Schafir,M.A.): [Rezension.] Die demokratische Republik Vietnam. Verfassung,Gesetzgebungsakte und Dokumente. 11 S.

Jg.1956,H.1

Manochin,V.M. (Manochin,W.M.): Die rechtliche Lage des Dorfsowjets der Deputierten der Werktätigen. 13 S.

Jg.1956,H.2

Berezovskaja,S.G. (Beresowskaja,S.G.): Die Rechtsformen der allgemeinen Aufsicht über die Einhaltung der Gesetze durch die Bürger. 23 S.

Ioffe, O.S. (Joffe,O.S.): Der zivilrechtliche Schutz der Interessen der Person in der UdSSR. 29 S.

1) Die hier angezeigte Literatur ist gemäß der Benutzungsordnung der Bibliothek des Deutschen Instituts für Rechtswissenschaft für die Mitglieder des Deutschen Instituts für Rechtswissenschaft, Ministerien und zentrale Institutionen der Deutschen Demokratischen Republik und nach der Leihverkehrsordnung der Bibliotheken ausleihfähig.

2) Die Ordnung der Titel erfolgt entsprechend der Anordnung der Beiträge im Originalheft.

Liskovec, B.A.(Liskowez,B.A.): Die rechtliche Regelung des Kol - choshandels. 28 S.

Morozov,G.I.(Morosow,G.I.): Die Propaganda der Feindschaft zwischen den Staaten widerspricht dem Völkerrecht. 21 S.

Barsegov,Ju.G.(Barsegow,J.G.): Goa gehört rechtmäßig zu Indien. 10 S.

Aleksandrov,B.A.(Alexandrow,B.A.): Die Rechtlosigkeit der Inder in der Südafrikanischen Union. 21 S.

Die Tagung über die Fragen der Kodifizierung der Bodengesetzgebung der UdSSR. 18 S.

Über den Plan der wissenschaftlichen Forschungsarbeit des Allunionsinstituts für Rechtswissenschaft für das Jahr 1956. 7 S.

Dembo,L.I.: [Rezension.] I.V.Pavlov: Die Rechtsformen der Leitung in den Kollektivwirtschaften. 15 S.

Sadikov,O.N.;O.T.Bogomolov(Sadikow,O.N.;O.T.Bogomolow): [Rezension] Rechtliche Fragen des Außenhandels der UdSSR mit den europäischen Ländern der Volksdemokratie. 14 S.

Jg.1956,H.3

Für eine vollständige Verwirklichung der Leninschen Prinzipien der Sowjetdemokratie. 32 S.

Chodunov,M.E.(Chodunow,M.E.): Das neue Statut der Binnenschifffahrt der UdSSR. 23 S.

Gromova,G.M.(Gromowa,G.M.): Aus dem Rechtsinstitut "A.J.Wyschinski" bei der Akademie der Wissenschaften der UdSSR. 27 S.

Kallistratova,R.F.(Kallistratowa,R.F.): Im Allunionsinstitut für juristische Wissenschaften. 9 S.

Die Qualität der rechtswissenschaftlichen Dissertationen muß verbessert werden. 25 S.

Rudenko, R.A.: Die Aufgaben der weiteren Festigung der sozialistischen Gesetzlichkeit im Lichte der Beschlüsse des XX.Parteitages der KPdSU. 26 S.

Sadovnikov,I.M.(Sadownikow,I.M.): Die Praktiker müssen bei der Organisation der Propagierung der Sowjetgesetze besser unterstützt werden. 6 S.

Solodkin,I.I.;I.G.Filanovskij (Solodkin,I.I.;I.G.Filanowski): Grundlegende Fragen des Kampfes gegen das Rowdytum. 28 S.

Sudarikov,N.G.(Sudarikow,N.G.): Ein interessantes Buch eines ungarischen Rechtswissenschaftlers. [Rezension des Werkes von Imre Szabó Die bürgerliche Staats- und Rechtsphilosophie in Ungarn. Budapest 1955.] 7 S.

Sun Ja-min: Das Musterstatut der landwirtschaftlichen Produktionsgenossenschaft der Chinesischen Volksrepublik. 26 S.

Jg.1956,H.4

Bogdanov,O.V.(Bogdanow,O.W.): Die Immunität der Mitarbeiter der internationalen Organisationen im gegenwärtigen Völkerrecht. 2o S.

Die bürgerliche Rechtswissenschaft muß gründlicher untersucht werden. 3o S.

Durdenevskij,V.N.(Durdenewski,W.N.): Zur Frage der Vorbehalte in internationalen Verträgen. 9 S.

Kallistratova,R.F.(Kallistratowa,R.F.): Aus dem Allunionsinstitut für Rechtswissenschaften. 11 S.

Aus dem Rechtsinstitut "A.J.Wyschinski" der Akademie der Wissenschaften der UdSSR. 19 S.

E. 7.(21.) VERZEICHNIS DER IN DER BIBLIOTHEK DES DEUTSCHEN INSTITUTS FÜR RECHTSWISSENSCHAFT VORHANDENEN UNVERÖFFENTLICHTEN ÜBERSETZUNGEN [1]

1.Gesetzesmaterialien und Dokumente (auch Verfassungen und Kurzkommentare)

Bestätigung des Statutsder Landwirtschaftlichen Produktionsgenossenschaften.Beschluß Nr. 1.070/1953 des Ministerrats der Ungarischen Volksrepublik. 23 S.
Aus: Magyar közlöny. Nr. 1.070/1953. ÜUn 172

Verordnungen: 1. Staatliche Vergünstigungen für die Produktionsgenossenschaftsgruppe.- 2. Bestätigung der Abänderung des Musterstatuts der Landwirtschaftlichen Produktionsgenossenschaft. - 3. Bestätigung des neuen Musterstatuts der Produktionsgenossenschaftsgruppe. 19 S.
Aus: Magyar közlöny. 43/1955. - 1.067/1955. - 1.068/1955.ÜUn 174

2.Theorie des Staates und des Rechts

Bericht aus der Diskussion über das Referat A.Bachrachs: Fragen der Gesetzgebung und der Kodifikation. Sprawozdanie z dyskusji nad referatem A. Bachracha pt.: Zagadnienia ustawodawczo-kodifikacyjne [dt.] Von A.Z. 17 S.
Aus: Państwo i prawo. 1956/4.
[Betr. Polen] ÜP 374

Madey,M.;J.Olszewski: Bericht aus der Diskussion über Fragen der Auslegung des Rechts. Sprawozdanie z dyskusji nad zagadnieniami wykladni prawa [dt.] 50 S.
Aus: Państwo i prawo. 1956/1.
Betr. Polen] ÜP 380

Naschitz,A.;A.Cristescu: Das Recht und die Rechtswissenschaft in der Bulgarischen Volksrepublik. Dreptul şi ştiinţa juridică in R.P. Bulgaria [dt.] 21 S.
Aus: Justiţia nouă. 1955/6. ÜRum 55

1) Die hier angezeigte Literatur ist gemäß der Benutzungsordnung der Bibliothek des Deutschen Instituts für Rechtswissenschaft für die Mitglieder des Deutschen Instituts für Rechtswissenschaft, Ministerien und zentrale Institutionen der Deutschen Demokratischen Republik und nach der Leihverkehrsordnung der Bibliotheken ausleihfähig.-Verzeichnis 1 - 4 erschien hektographiert,Verzeichnis 5 - 14 ist enthalten im Mitteilungsblatt des Deutschen Instituts für Rechtswissenschaft 1953,Nr.1 - 1955,Nr. 3

Špaček,V.: Zum Artikel des Genossen Lachout "Die juristische Literatur ist von politischen und ideologischen Fehlern zu säubern". K článku s. Lachouta " Oprostit právnickou literaturu od ideologických a politických chyb" [dt.] 23 S.
Aus: Právník. 1956/1.
[Betr. ČSR] ÜT 323

Die Verbindung zwischen Theorie und Parteipropaganda. Legătura teoriei cu practica şi propaganda de partid [dt.] 26 S.
Aus: Lupta de clasa. 1955/lo. ÜRum 51

3.Geschichte des Staates und des Rechts

Keine Eingänge

4.Geschichte der politischen Anschauungen

Keine Eingänge

5.Völkerrecht und Außenpolitik

Gromyko,T.;A.Ševčenko(Gromyko,T.;A.Schewtschenko): Zur Frage der Rolle der Parlamente bei der Festigung des Friedens. K voprosu o roli parlamentov v dele upročenija mira [dt.] 24 S.
Aus: Meždunarodnaja žizn'. 1956/2. ÜR 817

Mel'nikov, D.(Melnikow,D.): Das Neutralitätsproblem und die gegenwärtige internationale Lage. Problema nejtraliteta i sovremennoe meždunarodnoe položenie [dt.] 2o S.
Aus: Meždunarodnaja žinzn'. 1956/2. ÜR 82o

Muszkat,M.: Die Atomenergie und der Kampf für Frieden und Fortschritt. Energia atomowa a walka o pokój i postęp [dt.] (Auszug.) 15 S.
Orig.ersch.: Warschau 1952. ÜP 387

Muszkat, M.: Einige Rechtsprobleme des Kampfes um die weitere Entspannung in den internationalen Beziehungen. Niektóre problemy prawne walki o dalsze osłabienie napięcia w stosunkach międzynarodowach [dt.] 24 S.
Aus: Państwo i prawo. 1956/2. ÜP 375

Die Internationale Vereinigung der Rechtswissenschaften an der UNESCO. Miedzynarodowe Zrzeszenie Nauk Prawnych przy UNESCO [dt.] Von H.T. 2 S.
Aus: Państwo i prawo. 1956/1. ÜP 377

6.Staatsrecht

Keine Eingänge

7.Verwaltungsrecht

Keine Eingänge

8.Finanzrecht

Keine Eingänge

9.Kolchosrecht,Bodenrecht,Landwirtschaftliche Produktionsgenossenschaften

Kokavec,D.: [Rez.] V.Fábry: Die Musterstatuten - die Rechtsgrundlage der landwirtschaftlichen Einheitsgenossenschaften. V.Fábry: Vzorové stanovy - právny základ JRD [dt.] 8 S.
Aus: Právny obzor. 1956/1.
[Betr. ČSR] ÜS 78

10.Strafrecht,Strafprozeß

Kalašnikova,N.J.(Kalaschnikowa,N.J.): Die Gerichtsverhandlung im Privatklageverfahren. 118 S.
Orig.ersch.: Moskau 1953. ÜR 825

Merz,E.: [Rez.] L.Lernell: Der Schutz des gesellschaftlichen Eigentums im Strafrecht. Leszek Lernell: Ochrona własności społecznej w prawie karnym [dt.] 9 S.
Aus: Nowe prawo. 1956/1. ÜP 368

Pintér,J.: Der strafrechtliche Schutz unserer Produktionsgenossenschaften. Termelöszövetkezeteink büntetöjogi védelméröl [dt.] 14 S.
Aus: Állam és igazgatas. 1956/1. ÜUn 170

Sawicki,J.: Über die Grenze zwischen Kritik einerseits und übler Nachrede und Beleidigung andererseits. O granicę między krytyką a zniesławieniem i obrazą [dt.] (Folgerungen de lege ferenda auf Grund des Strafgesetzbuches.) 36 S.
Aus: Państwo i prawo. 1956/4.
[Betr. Polen] ÜP 383

Smirnov,V.G.(Smirnow,W.G.): Der Begriff der Beteiligung nach dem sowjetischen Strafrecht. 29 S.
Aus: Nachrichten der Leningrader Universität. 1955/6. ÜR 790

Stoenescu,I.: Die gerichtliche Kontrolle im Berufungsverfahren hinsichtlich der Beweiswürdigung. Controlul judiciar in recurs asupra aprecierii probelor [dt.] 27 S.
Aus: Justiţia nouă. 1955/6. ÜRum 53

Die Vorbereitung zur Änderung des Strafgesetzbuches, der Strafprozeßordnung und des Gesetzes über die Staatsanwaltschaft. Přípravy k úpravám trestního zákona, trestního řadu a zákona o prokuratuře [dt.] 4 S.
Aus: Rudé právo vom 18.6.1956.
[Betr. ČSR] ÜT 327

Winiarz, J.: Die Frage der Haftung des Staates für Schäden, verursacht durch die Amtstätigkeit der Staatsangestellten. Problem odpowiedzialności państwa za szkody wyrządzone przez czynności urzędowe funkcjonarjuszy państwowych [dt.] Schlußfolgerungen de lege ferenda. 19 S.
Aus: Nowe prawo. 1956/5.
[Betr. Polen] ÜP 382

11.Kriminalistik,Gerichtliche Medizin

Lunc,D.R.(Lunz,D.R.): Problem der Unzurechnungsfähigkeit bei Abgabe des gerichtspsychiatrischen Gutachtens. Problema nevmenjaemosti pri sudebno-psichiatričeskoj ėkspertize [dt.] 23 S.
Aus: Gerichtspsychiatrie. Moskau 1954. ÜR 824

Vvedenskij,I.N.(Wedenski,I.N.): Alkoholismus und andere Arten der Narkotika-Sucht. Alkoholizm i drugie vidy narkomanij [dt.] 37 S.
Aus: Gerichtspsychiatrie. Moskau 1954. ÜR 819

12.Gerichtsverfassung,Anwaltschaft,Staatliches Notariat

Keine Eingänge

13.Vertragssystem,Arbitrage

Keine Eingänge

14.Zivilrecht,Zivilprozeß

Grzybowski,St.: Die zivilrechtliche Problematik des Erfinderrechts in Polen. Cywilno-prawna problematyka prawa wynąlzczego Polski Ludowej [dt.] 36 S.
Aus: Państwo i prawo. 1956/3. ÜP 385

Venediktov,A.V.(Wenediktow,A.W.): Das Eigentumsrecht in der Feudalgesellschaft. 117, 1o5 S.
Aus: A.V. Venediktov: Das staatliche sozialistische Eigentum.
ÜR 822

15.Familienrecht

Keine Eingänge

16.Internationales Privatrecht

Lunc,L.A.(Lunz,L.A.): Das internationale Privatrecht. 4o2 S.
Orig.ersch.: Moskau 1949. ÜR 823

17.Arbeitsrecht

Glaser,Eu.: Die arbeitsrechtlichen Bestimmungen des neuen Gesetzes über die volkseigenen Betriebe. K prycovnoprávným ustanoveniam nového zákona o národných posnikoch [dt.] 31 S.
Aus: Právny obzor. 1956/3.
[Betr. ČSR] ÜS 8o

Petruv,A.: Die Beteiligung des Betriebsrates an der Auflösung von Arbeitsverhältnissen. Účast závodní rady při rozvazování pracovních poměru [dt.] 15 S.
Aus: Socialistická zákonnost. 1955/1.
[Betr. ČSR] ÜT 329

Salwa, Z.: Der Begriff "sozialistische Arbeitsdisziplin" und die Formen ihrer Regelung. Pojecie socjalistycznej dyscypliny pracy i formy jej regulowania [dt.] 3o S.
Aus: Państwo i prawo. 1955/6. ÜP 372

18.Sonstiges

Erklärung des Hauptvorstandes der Vereinigung Polnischer Juristen sowie des Ausschusses für Rechtswissenschaften an der Polnischen Akademie der Wissenschaften über die Zeitschrift "Państwo i prawo". Oświadczenie ZG ZZP i KNP PAN w sprawie "Państwo i prawo" [dt.]
Aus: Państwo i prawo. 1956/4. 2 S. ÜP 370

Prokof'ev,M.A.(Prokofjew, M.A.): Die wichtigsten Aufgaben der Universitäten, ökonomischen und juristischen Hochschulen. Važnejšie zadači universitetev, ėkonomičeskich i juridičeskich vuzev [dt.] 2o S.
Aus: Vestnik vysšej školy. 1955/4. ÜR 789

Die 2. Aktivtagung der externen Mitarbeiter des Rechtsinstituts des Justizministeriums. II. aktiv externich spoluoracovníku PUMS [dt.] 3 S.
Aus: Socialistická zákonnost. 1955/lo.
[Betr. ČSR] ÜT 325

ALPHABETISCHES SACHGRUPPENVERZEICHNIS

Verantwortlicher Redakteur: Dr. Bellmann, Potsdam-Babelsberg II, Karl-Marx-Straße 2. Die Zeitschrift erscheint zweimonatlich. Der Bezugspreis beträgt pro Heft DM 3,70 zuzüglich Porto- und Versandkosten. Verlag: Akademie-Verlag GmbH., Berlin W 8, Mohrenstraße 39, Fernruf: 20 03 86, Postscheckkonto: Berlin 350 21
Satz und Druck: (100) Akademie-Verlag GmbH., Berlin W 8 (100) Ag 718/56/DDR

Prof. Dr. MANFRED LACHS

Die kollektive Sicherheit

Das System der kollektiven Sicherheit und die Fragen der Gewährleistung der Sicherheit der Welt

(Übersetzung aus dem Polnischen)

1956 — 56 Seiten — gr. 8° — 2,— DM

Der Verfasser, Professor für Völkerrecht an der Universität Warschau und mehrfacher Vertreter Polens auf zwischenstaatlichen Konferenzen, gibt einen kurzen, aber umfassenden Überblick über die Problematik der kollektiven Sicherheit vom Standpunkt des Völkerrechts unter besonderer Berücksichtigung der großen weltpolitischen Aspekte unserer Zeit. Als grundlegendes Element der kollektiven Sicherheit hebt der Verfasser die Gewährleistung friedlicher internationaler Koexistenz hervor. Die Probleme eines europäischen Systems kollektiver Sicherheit werden eingehend besprochen.

Prof. FRED OELSSNER

Die Übergangsperiode vom Kapitalismus zum Sozialismus in der Deutschen Demokratischen Republik

Vorträge und Schriften der Deutschen Akademie der Wissenschaften zu Berlin

(Nachdruck)

1955 — 92 Seiten — 8° — 0,80 DM

„Die vorliegende Broschüre enthält den Vortrag Prof. Oelßners auf der Theoretischen Konferenz des Instituts für Wirtschaftswissenschaften der Deutschen Akademie der Wissenschaften am 11. März 1955 in Berlin. Die Arbeit ist von grossem Wert für die Mitarbeiter aller Teile des Finanzsystems unserer Republik. Sie lehrt die bei uns wirkenden ökonomischen Gesetze besser als bisher zu erkennen und wirksamer auszunutzen. Sie vermittelt wertvolle Anregungen für die Ausnutzung des Wertgesetzes, für die Anwendung der Wirtschaftlichen Rechnungsführung, zur Durchsetzung des Sparsamkeitsregimes, zur Senkung der Selbstkosten, zur Erlangung der Rentabilität unserer Betriebe und der Beseitigung von Staatszuschüssen . . . In vier Abschnitten behandelt der Verfasser die Notwendigkeit der Übergangsperiode, das Bestehen von verschiedenen Wirtschaftsformen und Klassen. Besonders erläutert werden die Besonderheiten und die Etappen der Übergangsperiode in der DDR, die Grundzüge der Übergangsperiode . . .“ (Deutsche Finanzwirtschaft, Berlin)

Kolibri 360 GmbH
Ferdinand-Jühlke-Straße 7
99095 Erfurt, Deutschland
produktsicherheit@kolibri360.de